TOEIC® LISTENING AND READING TEST
15日で500点突破！
リスニング攻略

TOEIC is a registered trademark of Educational Testing Service (ETS).
This publication is not endorsed or approved by ETS.

松本 恵美子
トニー・クック 著

SANSHUSHA

はじめに

TOEIC® Listening & Reading Test は世界では120ヶ国で実施されている、グローバルな英語能力試験です。企業では海外出張や昇進の基準として、学校では授業の到達度確認テスト、英語の単位認定基準、入試の基準に活用されています。
リスニングセクション、100問、リーディングセクション100問、約2時間の試験によって客観的に英語力が測定されます。

2016年5月29日より、新形式の問題が導入されて、TOEICに向けた対策はどうすればいいのかと、多くの大学生、社会人から質問を受けてきました。

そんな質問に答えるべく、本書は幅広い層を対象とし、TOEICの戦略と英語力を同時に学んでもらおうという欲張りな本に仕上がりました。

私は現在、大学で週13コマ、1週間で約500人の学生さんと会って、英語を教えています。

よく学生さんと個別にお話しする時に「先生にとって、自分は多くの学生の1人、つまりone of them なんですよね」と言う人もいます。でもそんなことはありません。一人ひとり、英語の得意なところ、性格もさまざまです。

スピーキングの練習をするクラスであれば、皆さんの話し方や、感情の込め方など一人ひとりの特徴を私はしっかり覚えています。日本語でも自分の意見がしっかり分析できる人であれば、積極的に指名して、エッセイのアイディアなど、具体的に出してもらいます。

英語に対する苦手意識はあっても、英語に関すること、隅から隅まで大っ嫌い、という人は1人もいないのです。だから、皆、自分の長所を伸ばしていけばよいのです。

リスニングに関しても同じです。「僕、英語のリスニングが嫌いです」と堂々と公言する人でも、実際に音声を聞いてもらうと、頭の中で状況を映像化する能力があったり、短い文だったら、上手にリピートできる人もいます。英語のリズム感が飛び抜けていい人もいます。

はじめに

ほんの少しでも TOEIC が必要と感じ、英語に興味をもったのなら、それも上達する素質の一つです。ぜひ、怖がらずにこの本のページを開いてみてください。

TOEIC の問題を解いたり、英語の活動をする中で、何か少しでも楽しく思えることが見つかったら、私は皆さんの気持ちを何倍にも膨らませて一緒に楽しみたいと思っています。

本書は TOEIC 対策本ですが、受験者が最も多い層に向けて、英語を楽しんでほしいといった愛のある遊び心を取り入れて執筆いたしました。TOEIC に必要な戦略と英語力を同時に効率的に学ぶことができるように工夫しています。

第1章は「リスニングの解法必勝！30のルール」とし、TOEIC 頻出ルールを30種類紹介し、ページを開いた瞬間に理解できるような構成になっています。

第2章は「テーマ別リスニングセクション問題集」です。他の TOEIC 本にはあまり見られない特徴として、日常生活のシーン別のトピックになっています。TOEIC の問題を解くときに、必ず出てくるシーン15種類（旅行、ショッピング、レストラン、商品開発、社内人事など）を扱っています。実際に海外出張、海外勤務をしたときにすぐに遭遇する場面ばかりをイメージしてから、聞き取り練習ができる仕組みにしています。これらのシーン別に勉強しておけば、実際の受験会場で慌てることもないでしょう。

本書が皆さんの TOEIC® Listening & Reading Test のスコアアップと英語力の向上のお役に立てれば幸いです。多くの方々が生きていくうえでの励みになりたいと心より願っております。

2016年10月　松本恵美子

目次

はじめに	2
使い方	6

リスニングの解法 必勝！30のルール 10
「リスニングの解法 必勝！30のルール」対応リスト 44

テーマ別　リスニングセクション問題

Unit 1
Shopping Mall（ショッピングモール）
Part 1	46
Part 2	48
Part 3	52
Part 4	56

Unit 2
Transportation（運送）
Part 1	60
Part 2	62
Part 3	66
Part 4	70

Unit 3
Sightseeing / Travel（観光／旅行）
Part 1	74
Part 2	76
Part 3	80
Part 4	84

Unit 4
Office Technology（オフィス技術）
Part 1	88
Part 2	90
Part 3	94
Part 4	98

Unit 5
Personnel / Training / Employment（人事／研修／雇用）
Part 1	102
Part 2	104
Part 3	108
Part 4	112

Unit 6
Restaurant / Eating out（レストラン／外食）
Part 1	116
Part 2	118
Part 3	122
Part 4	126

Unit 7
Product Development / Advertisement（商品開発／広告）
Part 1	130
Part 2	132
Part 3	136
Part 4	140

Unit 8
Housing / Building（住居／建物）
Part 1	144

Part 2	146
Part 3	150
Part 4	154

Unit 9
Seminar / Meeting (セミナー／会議)

Part 1	158
Part 2	160
Part 3	164
Part 4	168

Unit 10
Health (健康)

Part 1	172
Part 2	174
Part 3	178
Part 4	182

Unit 11
Announcement / Presentation (告知／プレゼン)

Part 1	186
Part 2	188
Part 3	192
Part 4	196

Unit 12
Airport (空港)

Part 1	200
Part 2	202
Part 3	206
Part 4	210

Unit 13
Marketing Service (マーケティングサービス)

Part 1	214
Part 2	216
Part 3	220
Part 4	224

Unit 14
Media / Weather (メディア／天気)

Part 1	228
Part 2	230
Part 3	234
Part 4	238

Unit 15
Sports / Hobby (スポーツ／趣味)

Part 1	242
Part 2	244
Part 3	248
Part 4	252

「リスニングの解法必勝！ 30のルール」のページの使い方

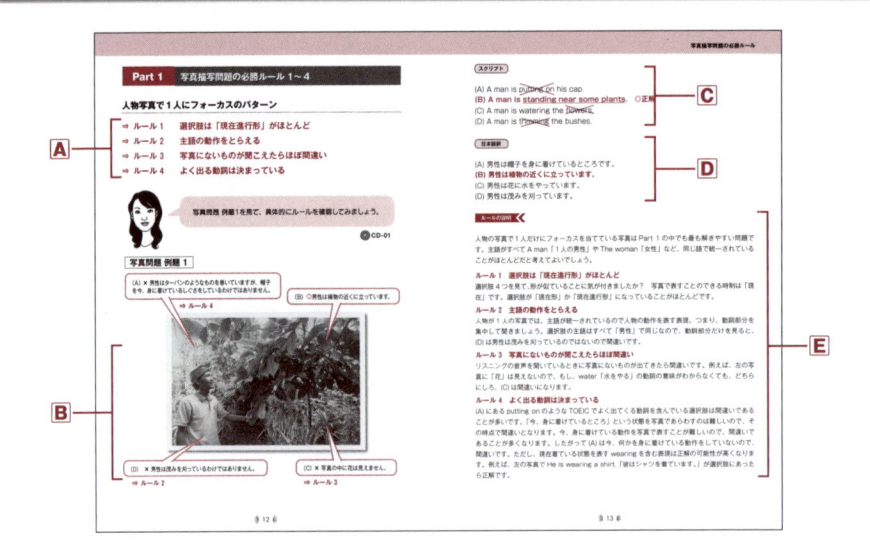

A Part ごとによく出る問題のパターンと、それにもとづいたルールをいくつか紹介しています。ルールは全部で 30 あります。
「リスニングの解法必勝！ 30 のルール」の最初のページでも述べていますが、このルールは、わかりやすいように Part ごとに分けて紹介していますが、リスニングセクション全体で使えるルールです。

B Part ごとの例題を、Aで紹介したルールを使いながら解説しています。音声も収録されています。例題のため、実際の試験よりも設問間のポーズを短くしています。Unit1-15 では実際の試験と同じポーズで収録しています。Unit1-15 で記載されている Directions の音声を、例題でのみ、収録しています。

C 音声で流れてくる問題のスクリプトです。太字で赤字になっている文章が正解です。
Part 3 と Part 4 は、それぞれ会話文と説明文のスクリプトになります。

D Cの音声スクリプトの日本語訳です。Part 3 と Part 4 は、会話文や説明文のスクリプト訳だけでなく、設問の日本語訳も掲載しています。Bにある例題を使った解説を読む時に参考にしてください。

E Aで紹介したルールを詳しく説明しています。TOEIC でよく出てくる問題傾向を踏まえながら、著者が長年に渡って研究してきた TOEIC を解く時に知っておくと「解答に迷わない」で済むルールを具体的に紹介します。
新形式で新しく入った 3 人の会話や図表を使った問題についても触れています。

本書の使い方

Unit 1〜15のページの使い方

F TOEICによく出る15のテーマ別にユニットを分けています。

G TOEICは問題の出題パターンをつかんでこそ、確実なスコアアップに繋がります。そのために、まず繰り返し学習をすることは、基本中の基本とも言えるでしょう。前述でご紹介した「リスニング解法必勝！ 30のルール」でパターンは簡単にわかりますが、それをインプットしただけでは足りず、実際に使ってみるアウトプット学習がより重要になります。試験直前15日の短期間で学習できる構成ですが、繰り返し学習することでより定着を図れます。時間にもう少し余裕のある方は、2回は本書を解いてみてください。ルールを読んでから問題を解くのか、問題を解いてからルールを読むのか、使い方はいくつもあります（P.8参照）。この欄には、「どんな使い方で、何回解いてみるのか」次第で、日付を記入しておいても、解けた問題数を記入しておいてもいいでしょう。

H テーマごとにPart 1〜4の問題傾向をひと言でアドバイスしています。
問題を解く前に、このヒントを読むことで、より問題が解きやすくなるでしょう。

I 問題部分です。マークシート記入欄がありますので、直前で使いたい人などは、このマークシートを直接塗りつぶして使ってもいいでしょう。Directionsは実際のTOEICでも使われているものを一部、本書用に書き換えています。Directionsの音声は「リスニングの解法必勝！ 30のルール」の例題のみに収録しています。

J Iの問題の「正解」、「音声のスクリプト（Part 3とPart 4は設問と音声のスクリプト両方）」、「スクリプトの日本語訳」、「解説」、「出てきたボキャブラリー」が載っています。「解説」では、「リスニングの解法必勝！ 30のルール」でご紹介した30のルールを使うと回答がスムーズになる場合、ルールを提示しています。参考にしてみてください。

7

あなたにぴったりの学習方法が見つかる！

● 「TOEIC 受験回数もまだそんなにありません」「どこから手をつけていいかわかりません」というあなたにおススメの使い方

「リスニングの解法必勝！ 30 のルール」確認→ Unit 1 → Unit 2 → Unit 3…Unit 15

☞ TOEIC の受験回数がまだそれほどない方は、まず TOEIC の出題パターンや問題形式、TOEIC でよく出るルールを知ってから実践的に問題を解いていくといいでしょう。30 のルールを紹介しているページでは本番の問題に近いオリジナル問題を使って解説をしています。音声を聴き、問題の答えを自分でも考えながらルールや解説を目で追っていきましょう。ひと通り知識を身につけたら、問題を解いてアウトプットしていきましょう！

● 「何度か TOEIC は受験したのでなんとなく問題傾向はつかんでいます」「まずは自分の力で解いてみたい」「とにかく実践派！」というあなたにおススメの使い方

Unit 1 → Unit 2 → Unit 3…→ Unit 15 →「リスニングの解法必勝！ 30 のルール」確認

☞ まずは順番に問題を解いていきましょう。1 日 1Unit でやれば 15 日で終わります。1Unit は、およそ 5 分で解答するような構成になっています。通勤・通学時間や休み時間、寝る前のちょっとしたスキマ時間に気軽に勉強しましょう。自分なりにひと通り解いたら、ルール全体を読み物として読んでみてください。ルールを意識して解けていたか、気付いていなかったルールはあるのか、確認してみましょう。

● 「TOEIC に出やすいテーマと言っても何が得意か不得意かわかりません」というあなたにおススメの使い方

好きな（自分が解けそうなテーマの）Unit からスタート→「リスニングの解法必勝！ 30 のルール」確認→間違いの多かったテーマの Unit だけもう一度解き直し

☞ 興味があったり、イメージがわいたりするテーマからとにかく問題を解いてみましょう。興味がないテーマやイメージのわかないテーマは飛ばします。ひと通り解けそうな Unit が終わったところでルールを確認します。TOEIC ならではのルールを知ったうえで、その知識と今持っている実力を合わせて苦手だと思っていたテーマに挑みます。ルールを知れば、思った以上にスムーズに問題が解けるでしょう！

● 「あきらかに苦手な Part がある」というあなたにおススメの使い方

「リスニングの解法必勝！ 30 のルール」Part 1 → Unit 1 Part 1 → Unit 2 Part 1 → Unit 3 Part 1…→ Unit 15 Part 1

☞ 苦手だと自覚している Part がある方はその Part だけを中心的に行っていきましょう。苦手な Part のルールを最初に確認します。それだけでも苦手に思っていたことが、ルールを使えばそれほどでもないこともあるかもしれません。そのあととにかくその Part だけひたすら問題を解きましょう。

Tony: Rome wasn't built in a day! Okay, Let's study the TOEIC Listening and Reading Test together with this book!

Emiko: ローマは一日にして成らず。時間や努力なしには何事も達成できない、という意味です。日本語でも英語でも同じような意味のことわざがあるのですね。さあ、この本で TOEIC を一緒に勉強していきましょう！

リスニングの解法
必勝！30のルール

GET 500 SCORE IN 15 DAYS
FOR THE TOEIC® LISTENING
AND READING TEST!
COMPLETE MASTER FOR LISTENING

リスニングの解法 必勝！30のルール

Part 1　写真描写問題の必勝ルール 1～10

人物写真で1人にフォーカスのパターン→ 写真問題 例題1

- ⇒ ルール 1　　選択肢は「現在進行形」がほとんど
- ⇒ ルール 2　　主語の動作をとらえる
- ⇒ ルール 3　　写真にないものが聞こえたらほぼ間違い
- ⇒ ルール 4　　よく出る動詞は決まっている

複数人物の写真のパターン→ 写真問題 例題2

- ⇒ ルール 5　　主語と動詞の両方が大事
- ⇒ ルール 6　　写真にあるものが聞こえても正解とは限らない
- ⇒ ルール 7　　人物の主語は表現が色々

風景、室内の写真のパターン→ 写真問題 例題3

- ⇒ ルール 8　　位置関係を表す表現
- ⇒ ルール 9　　「今、〜されています」現在進行形の受動態　　←やや難
- ⇒ ルール 10　「〜されたところです」現在完了形の受動態　　←やや難

Part 2　応答問題の必勝ルール 11～22

疑問詞で始まる疑問文のパターン→ 応答問題 例題1

- ⇒ ルール 11　疑問詞に答えている応答が正解
- ⇒ ルール 12　知らない単語のことは考えない！

Do you ～? で始まる一般疑問文のパターン→ 応答問題 例題2

- ⇒ ルール 13　「はい」「いいえ」は、ほぼ間違い
- ⇒ ルール 14　質問に「質問返しの技」は正解！

提案／依頼／勧誘の表現のパターン→ 応答問題 例題3

- ⇒ ルール 15　提案に応じたら正解
- ⇒ ルール 16　なぜなら〜は不正解

否定疑問文と付加疑問文のパターン→ 応答問題 例題 4

- ⇒ **ルール 17**　　「〜でないの？」のニュアンス
- ⇒ **ルール 18**　　否定で聞かれても肯定するなら Yes, しないなら No

A か B かどちら？ と聞かれる選択疑問文のパターン→ 応答問題 例題 5

- ⇒ **ルール 19**　　どちらかを選ぶ
- ⇒ **ルール 20**　　両方選んでも、選ばなくても、正解になる

平叙文（疑問文の形ではない普通の文）に答える問題のパターン→ 応答問題 例題 6

- ⇒ **ルール 21**　　似た音に注意
- ⇒ **ルール 22**　　会話が流れていれば正解

Part 3　会話文問題の必勝ルール 23 〜 26

図表の問題のパターン→ 会話文問題 例題 1

- ⇒ **ルール 23**　　図表を見て、何のテーマか考える
- ⇒ **ルール 24**　　設問はもちろん先に読んでおく！

3 人の会話問題のパターン→ 会話文問題 例題 2

- ⇒ **ルール 25**　　同性の発言を聞き分ける
- ⇒ **ルール 26**　　「どんなつもりで言ったの？」と意図を問う問題

Part 4　説明文問題の必勝ルール 27 〜 30

図表の問題のパターン→ 説明文問題 例題 1

- ⇒ **ルール 27**　　図表と設問を見て何の説明か考える
- ⇒ **ルール 28**　　設問は説明される順番と同じ？

説明文のテーマは何？のパターン→ 説明文問題 例題 2

- ⇒ **ルール 29**　　Part 4 のテーマは決まっている
- ⇒ **ルール 30**　　「どんなつもりで言ったの？」説明の意図問題

※ 30 のルールはわかりやすいように、Part ごとに分けていますが、そのルールがある Part だけに適応されるルールというわけではありません。リスニングセクション全体で使えるルールです。

Part 1　写真描写問題の必勝ルール 1～4

人物写真で 1 人にフォーカスのパターン

⇒　ルール 1　　選択肢は「現在進行形」がほとんど
⇒　ルール 2　　主語の動作をとらえる
⇒　ルール 3　　写真にないものが聞こえたらほぼ間違い
⇒　ルール 4　　よく出る動詞は決まっている

写真問題 例題1を見て、具体的にルールを確認してみましょう。

CD-01

写真問題 例題 1

(A) ✘ 男性はターバンのようなものを巻いていますが、帽子を今、身に着けているしぐさをしているわけではありません。
⇒ ルール 4

(B) ◎ 男性は植物の近くに立っています。

(D) ✘ 男性は茂みを刈っているわけではありません。
⇒ ルール 2

(C) ✘ 写真の中に花は見えません。
⇒ ルール 3

写真描写問題の必勝ルール

> スクリプト

(A) A man is ~~putting~~ on his cap.
(B) A man is <u>standing near some plants</u>.   ◎正解
(C) A man is watering the ~~flowers~~.
(D) A man is ~~trimming~~ the bushes.

> 日本語訳

(A) 男性は帽子を身に着けているところです。
(B) 男性は植物の近くに立っています。
(C) 男性は花に水をやっています。
(D) 男性は茂みを刈っています。

> ルールの説明

人物の写真で1人だけにフォーカスを当てている写真は Part 1 の中でも最も解きやすい問題です。主語がすべて A man「1人の男性」や The woman「女性」など、同じ語で統一されていることがほとんどだと考えてよいでしょう。

ルール1　選択肢は「現在進行形」がほとんど
選択肢4つを見て、形が似ていることに気が付きましたか？　写真で表すことのできる時制は「現在」です。選択肢が「現在形」か「現在進行形」になっていることがほとんどです。

ルール2　主語の動作をとらえる
人物が1人の写真では、主語が統一されているので人物の動作を表す表現、つまり、動詞部分を集中して聞きましょう。選択肢の主語はすべて「男性」で同じなので、動詞部分だけを見ると、(D) は男性は茂みを刈っているのではないので間違いです。

ルール3　写真にないものが聞こえたらほぼ間違い
リスニングの音声を聞いている時に写真にないものが出てきたら間違いです。例えば、左の写真に「花」は見えないので、もし、water「水をやる」の動詞の意味がわからなくても、どちらにしろ、(C) は間違いになります。

ルール4　よく出る動詞は決まっている
(A) にある putting on のような TOEIC でよく出てくる動詞を含んでいる選択肢は間違いであることが多いです。「今、身に着けているところ」という状態を写真で表すのは難しいので、その時点で間違いとなります。今、身に着けている動作を写真で表すことが難しいので、間違いであることが多くなります。したがって (A) は今、何かを身に着けている動作をしていないので、間違いです。ただし、現在着ている状態を表す wearing を含む表現は正解の可能性が高くなります。例えば、左の写真で He is wearing a shirt.「彼はシャツを着ています。」が選択肢にあったら正解です。

Part 1　写真描写問題の必勝ルール 5 〜 7

複数人物の写真のパターン

⇒ ルール 5 　　主語と動詞の両方が大事
⇒ ルール 6 　　写真にあるものが聞こえても正解とは限らない
⇒ ルール 7 　　人物の主語は表現が色々

写真問題 例題 2 を見て、具体的にルールを確認してみましょう！

● CD-02

写真問題 例題 2

(A) ✕ 写真に写っている人たちはおそらく「お客さん」なので、ものを売っているのではありません。商品も「衣類」ではないですね。
⇒ ルール 5

(B) ✕ 人々がお金を払っている様子ではありません。
⇒ ルール 6

(C) ◎ 真ん中の女性は商品に手を伸ばしています。
⇒ ルール 7

(D) ✕ 写真の中に「新聞」は見えません。
⇒ ルール 6

写真描写問題の必勝ルール

> **スクリプト**

(A) People are ~~selling~~ some clothes.
(B) People are ~~paying~~ for the merchandise.
(C) A woman is reaching for an item.　◎正解
(D) A woman is reading a ~~newspaper~~.

> **日本語訳**

(A) 人々は衣類を売っています。
(B) 人々は商品の購入のために支払っています。
(C) 1人の女性は商品に手を伸ばしています。
(D) 1人の女性は新聞を読んでいます。

> **ルールの説明**

複数人物が写真に写っている場合、主語を表す表現が写真と一致しているか確認しましょう。1人の人物が目立っていない時は周りの複数の人物が主語になって、動詞部分は共通する動作を表した文（この場合、共通した動作は looking, standing など）、または周辺のものを主語（例えば books や、merchandise など）とした文が正解になることもあります。

ルール5　主語と動詞の両方が大事
この写真の場合、People「人々」、A woman「1人の女性」のどちらも主語になりえますが、主語とその動作が一致しているかに注意しましょう。例えば(A)は写真にpeople「人々」が見えて、clothes「衣類」も身に着けているのが見えますが、sell「売る」という動作が違うので間違いです。

ルール6　写真にあるものが聞こえても正解とは限らない
写真にあるものが聞こえたからと言って、喜んでマークしてはいけません。例えば、写真に merchandise「商品」は見えますが、人々がその支払いをしているわけではないので、(B)は間違いです。もちろん、(D)の「新聞」のように写真にないものが出てきたら間違いです。

ルール7　人物の主語は表現が色々
この問題の正解は (C) A woman is reaching for an item. ですが、主語が「顧客」の意味を表す A customer になっても正解となります。このように、人物を表す主語がいくつもの種類あります。主語がわからなかったら他の簡単な主語に変えてみて意味が通るか見てみてください。例えば主語が一つだけ a customer となっていて、その意味がわからなかった場合、a customer を a woman など他と同じ主語にして意味が通じるか見てみる、などです。人物を表す主語は他にも audience「観客」, pedestrian「歩行者」, passenger「乗客」, driver「運転手」, shopkeeper「店員」, vendor「販売員」など多岐に渡ります。

Part 1　写真描写問題の必勝ルール 8 〜 10

風景、室内の写真のパターン

⇒ ルール 8　　位置関係を表す表現
⇒ ルール 9　　「今、〜されています」現在進行形の受動態 ←やや難
⇒ ルール 10　「〜されたところです」現在完了形の受動態 ←やや難

写真問題 例題 3 を見て、具体的にルールを確認してみましょう！

● CD-03

写真問題 例題 3

(A) ✗ エスカレーターの手すりは見えますが、誰かが磨いている様子ではありません。
⇒ ルール 8

(B) ✗ エスカレーターの両端に階段のようなものは見えますが、階段を登っている人は見当たりません。
⇒ ルール 8

(C) ✗ はしごは写真の中に見つかりません。
⇒ ルール 9

(D) ◎ エスカレーターは今、稼働しています。

写真描写問題の必勝ルール

> スクリプト

(A) There are ~~polishers~~ by the handrail.
(B) They ~~are climbing~~ up the stairs.
(C) ~~The ladder~~ is being positioned in the store.
(D) Escalators are now being operated. ◎正解

> 日本語訳

(A) 手すりのそばに磨いている人がいます。
(B) 彼らは階段を登っています。
(C) 店の中ではしごが置かれているところです。
(D) 現在エスカレーターは稼働中です。

> ルールの説明

風景、室内の写真ではまず、写真の中に見えるものを英単語で、無理だったら日本語で頭の中でイメージしてみましょう。この写真では「エスカレーター」が写真の中心に見え、現在稼働中なので (D) が正解です。

ルール 8　位置関係を表す表現

Part 1 の風景、室内の写真では There is ～、There are ～（～があります）で始まり、前の名詞を具体的にするための位置関係を表す表現で終わる選択肢が頻出します。(A) の There are polishers by the handrail. が選択肢の形として典型的です。「何が」あるか、「どこに」あるか、に注目して聞きましょう。(B) の They are ～「彼らは～です」と There are は違う構文だと意識しましょう。

> **位置関係を表す表現**
> in the store「店の中で」　　　 from the door「ドアのところから」
> behind the bed「ベッドの横で」 in front of the building「建物の前で」　など

ルール 9　「今、～されています」現在進行形の受動態　←やや難

現在進行形の受動態は「be+ ～ ing+ 過去分詞」で「～されている」という状況を表します。「今、現在～されている」という状況は写真に人物がはっきりと写っていない限り、表現するのが難しいので、間違いの選択肢として頻出します。
例えば、(C) の The ladder is being positioned in the store. は、現在、誰かがはしごを立てかけている状況でないと正解になりません。

ルール 10　「～されたところです」現在完了形の受動態　←やや難

現在完了の受動態は「has / have+been+ 過去分詞」の形をとります。動作が完了した状態を表しているので、写真で表すことが十分可能です。したがって正解の可能性も高くなります。例えば、The store has been decorated.「店は装飾されています」などは（右のほうの風船や階段のライトで装飾されているので）正解となりえます。本書に例題はありませんが、覚えておきましょう。

Part 2　応答問題の必勝ルール 11 〜 12

疑問詞で始まる疑問文のパターン

⇒ ルール 11　　疑問詞に答えている応答が正解
⇒ ルール 12　　知らない単語のことは考えない！

応答問題 例題 1

応答問題 例題 1 で、具体的にルールの確認をしてみましょう！　　●CD-04

スクリプト

When did they check the fire extinguisher?
(A) How about next Wednesday?
(B) I left it across the hall.
(C) The label says last Saturday.

日本語訳

彼らはいつ消火器を点検しましたか？
(A) 次の水曜日はいかがですか？
(B) ホールの向こうに置いてきました。
(C) ラベルに先週の土曜日だと書いてあります。

ルールの説明

疑問詞 Who / When / Where / What / Why / How で始まる疑問文は Part 2 の設問の多くを占めます。疑問詞を聞き取ることに集中しましょう。

ルール 11　疑問詞に答えている応答が正解

疑問詞が聞き取れたら、正解がわかるまで、ずっとその疑問詞を頭の中で繰り返しながら、選択肢の (A)(B)(C) を聞くようにします。

When did they check the <u>fire extinguisher?</u>　⟶ 日本語は思い出さないようにする。
「いつ、いつ、いつ？」と正解がわかるまで頭の中で繰り返しましょう。
「(A) は「いつ」について、答えていないな、(B) は場所について何か言っているから違うな、(C) が先週の土曜日と言っているので、これが答えだ！」というように、です。

ルール 12　知らない単語のことは考えない！

英語が得意な人でもよくあることですが、知らない単語、気になる単語が出てきても、その単語の意味を必死に思い出そうとするのはやめましょう。
例えば、When did they check the fire extinguisher? は「いつ」と聞いているだけなのに、fire extinguisher という単語につられて、必死に日本語訳を思い出そうとしてしまうことがよくあります。これは、正解に全く関係なく、時間のロスに繋がります。

Part 2　応答問題の必勝ルール 13～14

Do you ～？で始まる一般疑問文のパターン

⇒ **ルール 13**　「はい」「いいえ」は、ほぼ間違い
⇒ **ルール 14**　質問に「質問返しの技」は正解！

応答問題 例題 2

応答問題 例題 2 で、具体的にルールの確認をしてみましょう！　●CD-05

スクリプト

Do you know where I can find the nearest supermarket?
(A) No, I don't know the marketing director.
(B) Why don't you ask a police officer?
(C) Fruits and vegetables.

日本語訳

一番近いスーパーマーケットはどこにあるか知っていますか？
(A) いいえ、私は営業部長を知りません。
(B) 警察官に聞いたらいかがですか？
(C) 果物と野菜です。

ルールの説明

一般疑問文を中学校で最初に習ったときのことを覚えていますか？ Do you ～？　Are you ～？ Is this ～？などの答えは、Yes, I do. や、No, I'm not. など、Yes, No で始まりましたね。

ルール 13　「はい」「いいえ」は、ほぼ間違い

しかし、実際、日常会話で Do you have a pen? に対して Yes, I do. などと単純に答えることはほとんどありません。スムーズな会話の流れを聞き取れるかどうかが試される TOEIC ではこのように Yes., No. が正解になることは非常に少ないです。
Do you know where I can find the nearest supermarket?（一番近いスーパーマーケットはどこにあるか知っていますか？）に対して、No, で始まる (A) は、一瞬、きちんと答えているように聞こえますが、そのあとに続く文で、「営業部長を知りません」と言っていて、会話が自然に流れていないので不正解となります。

ルール 14　質問に「質問返しの技」は正解！

質問に対して、「わかりません」と答えたり、質問で返していても会話がスムーズに流れていれば正解です。スーパーはどこにあるかと聞かれて、(B) は「警察官に聞いたらいかがですか？」と質問返しの疑問文の形をとっていますが、意味が通じているので正解です。(C) はスーパーマーケットに置いてありそうな商品を羅列しているだけで、会話としてナチュラルではありません。

Part 2　応答問題の必勝ルール 15 〜 16

提案 / 依頼 / 勧誘の表現のパターン

⇒ **ルール 15**　　提案に応じたら正解
⇒ **ルール 16**　　なぜなら〜は不正解

> 応答問題 例題 3

応答問題 例題 3 で、具体的にルールの確認をしてみましょう！　　●CD-06

> スクリプト

Why don't we eat some doughnuts?
(A) That sounds like a good idea.
(B) It belongs to Donna.
(C) Because I took the bus.

> 日本語訳

ドーナツを一緒に食べませんか？
(A) それはいい考えですね。
(B) それはドナのものです。
(C) なぜなら私はバスで来たからです。

> ルールの説明

「提案」「依頼」「勧誘」の文は疑問文の形ですが、内容としては「提案」したり「勧誘」「依頼」したりしています。例えば、Why don't you〜? は「〜しないのですか？」と勧誘していて、「なぜ？」と聞いているのではありません。Could you〜? も「〜していただけますか？」という依頼の文で「できますか？」と相手の能力を聞いているのではありません。

ルール 15　提案に応じたら正解

同様に Would you like to〜?「〜しませんか？」 Would you mind〜?「〜してもいいですか？」 Let's〜「〜しましょう」 What about〜?「〜するのはいかがですか？」などの表現があります。例題では「ドーナツを一緒に食べませんか？」と勧誘しているのに対して、「いいですね」と答えている (A) が正解です。(B) は設問の doughnuts と音の似ている人物 Donna を用いたひっかけ選択肢です (似た音のひっかけについてはルール21を参照)。その他にも遠回しに拒絶する No, I'll stick with my sugar cake.（いいえ、私はいつものシュガーケーキを食べます。）なども選択肢にあれば、正解となりえます。

ルール 16　なぜなら〜は不正解

Why don't you〜? に対して最初の語、why にのみ焦点を当てていると、Why と because が対応しているように聞こえてひっかかってしまいます。「なぜなら〜」で始まる (C) は典型的な間違いです。

Part 2　応答問題の必勝ルール 17 〜 18

否定疑問文と付加疑問文のパターン

⇒ **ルール 17**　「〜でないの？」のニュアンス
⇒ **ルール 18**　否定で聞かれても肯定するなら Yes, しないなら No

応答問題 例題 4

応答問題 例題 4 で、具体的にルールの確認をしてみましょう！　　●CD-07

スクリプト
Aren't you going to attend the conference?
(A) No, I have to meet my client instead.
(B) It was in the banquet room.
(C) He tends to be sick.

日本語訳
会議に出席する予定ではないのですか？
(A) いいえ（出席しません）、代わりにクライアントに会います。
(B) それは宴会場にありました。
(C) 彼は病気がちです。

ルールの説明
日本人の英語学習者は否定の表現が苦手な人が多く、疑問文に否定の表現が入ると、状況をイメージすることができなくなる人もいるようです。

ルール 17　「〜でないの？」のニュアンス
Don't we 〜？ Aren't you 〜？ Isn't it 〜？ などには「〜でないの？」「私はこう思うんだけど、あなたは違うの？」というニュアンスが含まれます。多少の不満などの気持ちがある、とイメージしましょう。
例えば、Aren't you going to attend the conference? は、単純に「あなたは会議に出席しますか？」と聞いているのではなく、「私はあなたが出席すると思っていたのに、そうじゃないの？」と不信の気持ちを多少含んでいます。

ルール 18　否定で聞かれても肯定するなら Yes, しないなら No
答え方は単純です。Yes なら、「はい、出席します」、No なら「いいえ、出席しません」です。例題では、No で始まり、「いいえ（出席しません）、代わりにクライアントに会います。」と答えている (A) が正解です。
設問が付加疑問文の形でも答え方は同じです。(B) は過去形で場所を答えているので不正解です。(C) は attend と音の似ている tends を使っていますが、会話が自然に流れていないので不正解となります。
付加疑問文も答え方は同じです。設問が You are going to attend the conference, aren't you?（あなたは会議に出席する予定ですよね？）だとしても同じ選択肢で問題が成り立ちます。

Part 2　応答問題の必勝ルール 19 〜 20

AかBかどちら？と聞かれる選択疑問文のパターン

⇒ **ルール 19**　　どちらかを選ぶ
⇒ **ルール 20**　　両方選んでも、選ばなくても、正解になる

応答問題 例題 5

応答問題 例題 5 で、具体的にルールの確認をしてみましょう！　　🎵 CD-08

スクリプト

Are we having the game indoors or outdoors?
(A) I gave it to you.
(B) We'll be out if it's sunny.
(C) She was the winner.

日本語訳

試合は室内でやりますか、屋外でやりますか？
(A) あなたにそれをあげました。
(B) 晴れていれば外でやりましょう。
(C) 彼女が勝者でした。

ルールの説明

「AかBかどちらか」を選ぶ選択疑問文は必然的に設問が長くなります。難しく感じるかもしれませんが、答えのパターンに慣れましょう。

ルール 19　どちらかを選ぶ

AかBのどちらか一方を選んでいる場合はもちろん正解ですが、設問とは別の表現で言い換えている場合がほとんどです。
例題でも単純にゲームをするのは室内か屋外かを答えているのではなく、「晴れならば、外でやりましょう」と答えている (B) が正解となっています。(A) は it が指すものが不明なので間違い。(C) は過去形で答えていて、「彼女」が誰なのかもわかりません。

ルール 20　両方選んでも、選ばなくても、正解になる

選択肢 (B) 以外の正解パターンとして考えられるのは、
両方選ぶ＝　Let's use both of them.（どちらも使いましょう。）←正解◎
両方ダメ＝　Actually, the game has been cancelled this morning.
　　　　　　（実際、ゲームは今朝キャンセルになりました。）←正解◎
選ばない＝　It depends on the weather.（天気次第ですね。）←正解◎
選ばない＝　I don't mind either way.（どちらでもいいです。）←正解◎

Part 2　応答問題の必勝ルール 21～22

平叙文 (疑問文の形ではない普通の文) に答える問題のパターン

⇒ ルール 21　　似た音に注意
⇒ ルール 22　　会話が流れていれば正解

応答問題 例題 6

応答問題 例題 6 で、具体的にルールの確認をしてみましょう！　　● CD-09

スクリプト

There's a special package for your boss.
(A) I'll read that passage.
(B) Both Jane and Mike.
(C) Who is it from?

日本語訳

あなたの上司に特別な荷物がありますよ。
(A) その文章を読みます。
(B) ジェーンとマイク、両方です。
(C) どなたからですか？

ルールの説明

設問が疑問文の形をしていない「平叙文」のパターンは聞き取りポイントを絞ることができませんが、「会話の流れ」をとらえることが一番大切です。

ルール 21　似た音に注意

例題では、「あなたの上司に特別な荷物がありますよ。」と伝えているのに対して、「誰からですか？」とナチュラルに質問返しをしている (C) が正解です。(A) は設問の package に発音の似た passage を用いて音の混同を誘っています。また、設問の boss に発音の似た Both を用いた (B) も不正解です。

ルール 22　会話が流れていれば正解

正解の (C) 以外にも、報告や追加情報を与えている場合も正解となります。
例えば、
I think it's from our supplier. (おそらく業者からのものだと思います。) ←正解◎
Then, I'll tell him right away. (それなら、急いで彼に報告します。) ←正解◎
などが考えられます。

Part 3　会話文問題の必勝ルール 23～24

図表の問題のパターン

⇒ **ルール 23**　　図表を見て、何のテーマか考える
⇒ **ルール 24**　　設問はもちろん先に読んでおく！

会話文問題 例題 1 を聞いて、具体的にルールの確認をしてみましょう！

● CD-10

会話文問題 例題 1

Tour	Price
1-day Bell Island	$100
2-day Hopwoodville	$150
3-day Danton City	$250
4-day Felldown County	$400

> ツアーとその料金の図表だとわかります。
> あれ？ 設問2の選択肢と右半分が同じですね。
> ということは左のツアー名が音声に出てくるはず…。

1. What is the man's occupation?
　　男性の職業は何？

(A)　A bus driver
(B)　A tour guide
(C)　A travel agent
(D)　A hotel concierge

> 会話全体に関する内容は会話の最初のほうを聞くとわかります。

2. Look at the graphic. How much will the woman likely pay?
女性はいくら払いますか？

(A)　$100
(B)　$150
(C)　$250
(D)　$400

> 図表の右半分と同じ。

3. What will the man do next?
男性は次に何をしますか？

(A)　Change the route
(B)　Board a bus
(C)　Outline a schedule
(D)　Make a payment

> 次に何をするかは会話の最後で聞かれるはずです。

Part 3　会話文問題の必勝ルール 23 〜 24

スクリプト

Questions 1 through 3 refer to the following conversation and list.

> Q1. 女性の発言より、男性の職業がわかります。

W. Hello, I'm interested in doing some sightseeing and the concierge at the hotel suggested **your travel agency**.

M. Thanks. We have four tours available at the moment from one to four days in length. Our one-day tour is the most popular.

> Q2. 図表の左に書かれていた、固有名詞が一つだけ、出てきました！

W. That sounds great but I've always wanted to go to **Hopwoodville**. Is that tour available to book tomorrow?

M. Yes, but it's a two-day tour. Take a seat and **I'll explain the itinerary to you** in more detail.

> Q3. 男性がこれから何をするかがわかります。

スクリプトの日本語訳

問題1から3は、次の会話と表に関するものです。

Tour	Price
1-day ベル・アイランド	100 ドル
2-day ホップウッドビル	150 ドル
3-day ダントン市	250 ドル
4-day フェルダウン郡	400 ドル

W. こんにちは、私はどこか観光をしたいと思っていて、ホテルの案内係があなたの旅行代理店を勧めました。

M. ありがとうございます。我々は現在、1日から4日までの長さで利用できる4つのツアーをご用意しています。1日ツアーが最も人気があります。

W. それはよさそうですね。しかし、私は常々ホップウッドビルへ行きたかったんです。そのツアーを、明日予約することは可能ですか？

M. はい、しかし、それは2日間のツアーです。どうぞおかけください。私が更に詳しい旅行日程をあなたに説明いたしましょう。

Vocabulary ▶

☐ concierge 名 (アパートの) 管理人、(ホテルの) コンシェルジュ、案内人
☐ suggest 他 提案する
☐ at the moment 今のところ、今現在、当座は
☐ itinerary 名 旅行日程、旅行計画

設問の日本語訳

1. 男性の職業は何ですか。
    (A) バスの運転手
    (B) ツアーガイド
    (C) 旅行代理店
    (D) ホテルのコンシェルジュ

2. 表を見てください。女性はいくら支払うと思われますか？
    (A) 100 ドル
    (B) 150 ドル
    (C) 250 ドル
    (D) 400 ドル

3. 男性は次に何をしますか？
    (A) ルートを変える
    (B) バスに乗り込む
    (C) 予定を概説する
    (D) 支払いする

Vocabulary ▶

☐ occupation 名 職業
☐ board 他 (列車・飛行機・バスなどに) 乗り込む
☐ outline 他 概説する
☐ make a payment 支払いをする

Part 3 会話文問題の必勝ルール 23〜24

ルールの説明

新形式では図表を見てから、音声を聞く「図表の問題」が出題されます。もちろんリスニング問題の一部ですので、図表を見ただけで解ける問題はないと考えてください。

ルール 23　図表を見て、何のテーマか考える
図表を見ただけで正解できてしまっては、リスニングの問題となりません。必ず音声と図表の内容、両方から正解を導き出すようになっています。例えば、設問2では、図表の右半分の「料金」の数字がそのまま並んでいるので、音声を聞くときに左半分のツアー名のいずれかが聞こえるはずだと思って待ち構えましょう。

ルール 24　設問はもちろん先に読んでおく！
設問1を読んだだけで、男性が何かの仕事をしていること、設問3を読んだだけで、男性がこれから何をするのかが問われていることがあらかじめわかります。設問を先に読んでおくことで、音声内容をより理解しやすくなるはずです。

Part 3　会話文問題の必勝ルール 25 ～ 26

3人の会話問題のパターン

⇒ ルール 25　　同性の発言を聞き分ける
⇒ ルール 26　　「どんなつもりで言ったの？」と意図を問う問題

会話文問題 例題 2 を聞いて、具体的にルールの確認をしてみましょう！　　CD-11

会話文問題 例題 2　　＊例題のため、実際の試験よりも設問間のポーズを短くしています。

> 会話が行われている場所はおそらく最初のほうでわかります。

1. Where does the conversation most likely take place?
どこでの会話？

(A)　In Brompton City
(B)　At a restaurant
(C)　On a train
(D)　In an office

Part 3 会話文問題の必勝ルール 25〜26

> 女性の発言の中で必ず I hear it is good と出てきます。

2. What does the woman mean when she says, "I hear it is good"?
女性が "I hear it is good" といった時どんな意味だった?

(A) The volume level is satisfactory.
(B) The restaurant has a nice reputation.
(C) The train service is reliable.
(D) The sales result is good.

> 必ず会話の中で Brompton City が出てくるので、音声が流れるのを待ちましょう。

3. What is Brompton City well-known for?
Brompton City は何で有名?

(A) Its nice weather
(B) Its cuisine
(C) Its friendly people
(D) Its beautiful architecture

> スクリプト

Questions 1 through 3 refer to the following conversation between three speakers.

> 会話は乗り物内、ここの選択肢だと電車の中で行われていると選べます。

M1. How much longer is it until we arrive in Brompton City?
W. **About another 30 minutes.** Why? Are you hungry?

M1. A little. I'd love to go to Charlie's Diner, if possible.
W. Do you want me to reserve a table? **Oh, here is the conductor. Excuse me, what time are we due to arrive in Brompton City?**
M2. In about 50 minutes. **May I see your tickets, please?**
W. Here you are. Um…By the way, do you know of Charlie's Diner in Brompton City? **I hear it is good.**

> このセリフを待っていた！でも I hear it is good. って、何に対して言ってたっけ？

> 待っていた！
> Brompton City もここで出てきました。

M2. Charlie's Diner? It's great. **After all, Brompton City is renowned for its food.**
W. I see. Thanks for your help.

Part 3 会話文問題の必勝ルール 25 ～ 26

スクリプトの日本語訳

問題 1 から 3 は、次の 3 人の会話に関するものです。

M1. 我々がブロンプトン市に到着するまで、どれくらい時間がかかりますか？
W. あと約 30 分です。なぜですか？ お腹が空きましたか？
M1. 少し。私は、できればチャーリーの食堂に行きたいです。
W. あなたは、私にテーブルを予約してほしいですか？ ああ、添乗員の人がいます。すみません。我々は、いつブロンプトン市に到着することになっていますか？
M2. あと約 50 分です。乗車券を拝見させていただきます。
W. どうぞ。うーん…ところで、あなたはブロンプトン市のチャーリーの食堂を知っていますか？ 私は、そこがいいと聞いています。
M2. チャーリーの食堂？ そこは素晴らしいです。何といってもブロンプトン市は、その食べ物で有名です。
W. わかりました。教えてくれてありがとうございます。

Vocabulary ▶

☐ conductor 名 案内人、ガイド、添乗員
☐ due to ～ ～のため、～の結果、～することになっている
☐ after all 何といっても、とにかく、やはり、結局
☐ renowned for ～ ～で有名で

設問の日本語訳

1. この会話は、どこで行われていると考えられますか？
   (A) ブロンプトン市
   (B) レストラン
   (C) 電車内
   (D) オフィス

2. 女性が「私は、それがいいと聞いています。」と言っている時、何を意味していますか？
   (A) ボリュームのレベルは満足である。
   (B) そのレストランは、素晴らしいという評判がある。
   (C) 電車のサービスは信頼できる。
   (D) 売上成績はよい。

3. ブロンプトン市は、何で有名ですか？
   (A) よい天気
   (B) 料理
   (C) 親しみやすい人々
   (D) 美しい建築

Vocabulary

- [ ] take place　起こる、行われる、催される
- [ ] reputation　名 評判
- [ ] reliable　形 頼りになる、信頼できる、頼もしい
- [ ] cuisine　名 料理

ルールの説明

新形式の3人の会話問題では、男性または女性のどちらかが2人となります。従来のPart 3と比べて、「男性」「女性」という判断だけでは状況を追いかけることが困難になります。

ルール25　同性の発言を聞き分ける

音声を聞きながら、状況を頭の中で想像しましょう。ここでは男性と女性が一緒に電車に乗っています。会話の流れから、もう1人の登場人物である男性は車掌だとわかります。

ルール26　「どんなつもりで言ったの？」と意図を問う問題

設問に「〜と言った時、どんな意味で言いましたか？」と出てきますが、その発言が聞こえた時にはすでに、意図に関する情報は流れたあとであることが多いです。ここでも状況を理解しながら聞くことが重要となってきます。

Part 4　説明文問題の必勝ルール 27〜28

図表の問題のパターン

⇒ **ルール 27**　図表と設問を見て何の説明か考える
⇒ **ルール 28**　設問は説明される順番と同じ？

説明文問題 例題 1 を聞いて、具体的にルールの確認をしてみましょう！　　●CD-12

説明文問題 例題 1　　＊例題のため、実際の試験よりも設問間のポーズを短くしています。

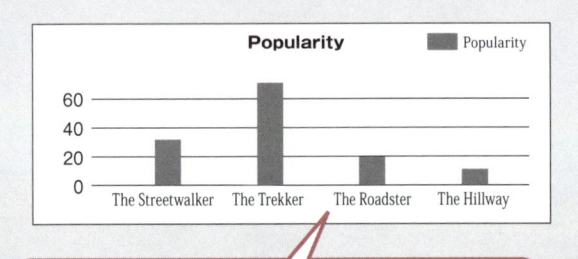

Popularity

	Popularity
60	
40	
20	
0	

The Streetwalker　The Trekker　The Roadster　The Hillway

何の人気についてでしょう？
この固有名詞は何の名前？
おや？ 設問 3 の選択肢と全く同じですね。

---

1. Which department do the listeners most likely work in?
聞き手はどの部署で働いている？

(A)　Human resources
(B)　Product development
(C)　Sales and marketing
(D)　Accounting

選択肢を見ただけで、聞き手は一般の人ではなく、どこかの社員であることがわかります。

> 話し手は調査について何かを話しているはずです。

2. What does the speaker say about the survey?
　話し手は調査について何と言っている？

(A) It was conducted last week.
(B) Its results are a surprise.
(C) Its contents are confidential.
(D) It was carried out nationwide.

> スティーブン・スミスという人が商品について話すことは確実です。

3. Look at the graphic. Which product will Stephen Smith talk about?
　スティーブン・スミスはどの商品について話す？

(A) The Streetwalker
(B) The Trekker
(C) The Roadster
(D) The Hillway

Part 4　説明文問題の必勝ルール 27～28

スクリプト

Questions 1 through 3 refer to the following talk and graph.

> Q2. ここで、突然、設問2の答えがわかってしまいます。

According to our latest market research, **which was carried out nationwide**, parents love our new range of footwear for children. Of the four products, the Trekker shoe is the most popular followed by the Streetwalker range.

> Q3.「スティーブンスミスは一番人気のない商品について話します。」

What I'd like us to do today though is to look at the **least favorite** product and discuss ways in which we can **boost its popularity. I've invited Stephen Smith, who oversaw the survey, to outline the reasons why he thinks it isn't selling well** and then **we'll discuss ideas for marketing it better**.

> Q1.「私たちはマーケティングについて話しましょう」と、言っています。

スクリプトの日本語訳

問題1から3は、次の会話とグラフに関するものです。

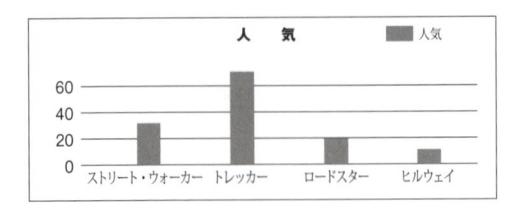

人　気

ストリート・ウォーカー	約30
トレッカー	約70
ロードスター	約20
ヒルウェイ	約10

説明文問題の必勝ルール

全国的に実行された我々の最新の市場調査によると、親御さんたちは、我々の子ども用の靴の新しい製品を気に入っています。4つの製品のうち、トレッカー・シューズ、続いてストリート・ウォーカーが最も人気があります。しかし、私が今日皆さんにしてほしいことは、最も人気のない製品に注目し、我々がその人気を押し上げることのできる方法を議論することです。私は、調査を監督したスティーブン・スミス氏をお招きし、なぜそれがよく売れないのかと彼が思う理由を概説してもらい、そして我々は、それを市場でよりよく売るためのアイデアを話し合います。

Vocabulary ▶

- popularity 名 人気、流行
- carry out 実行する、成し遂げる
- nationwide 副 全国的に
- footwear 名 靴、履物
- oversee 他 監督する
- outline 他 概説する
- marketing 名 市場で売買すること、マーケティング

設問の日本語訳

1. 聞き手は、どの部署で働いていると思われますか？
   (A) 人事部
   (B) 製品開発
   (C) 営業・マーケティング
   (D) 会計

2. 話し手は、調査について何と言っていますか？
   (A) それは、先週行われた。
   (B) その結果は驚きである。
   (C) その内容は秘密である。
   (D) それは、全国的に実行された。

3. グラフを見てください。スティーブン・スミス氏は、どの製品について話しますか？
   (A) ストリート・ウォーカー
   (B) トレッカー
   (C) ロードスター
   (D) ヒルウェイ

Part 4 説明文問題の必勝ルール 27～28

Vocabulary ▶

☐ human resources　名 人事部
☐ confidential　形 機密の、内々の

ルールの説明

新形式では Part 4 でも図表の問題が出題されます。Part 3 同様に、図表を見ただけでは解答できないので、音声のどこを聞くべきか考えましょう。

ルール 27　図表と設問を見て何の説明か考える
この場合、図表を見ただけでは「人気」と固有名詞が並んでいるだけで、何の説明かわかりません。設問3を見ると「スティーブンスミス氏は何の商品について話しますか？」とあるので、音声を聞かなくても固有名詞は「商品」についてだとわかります。

ルール 28　設問は説明される順番と同じ？
Part 3, Part 4 では音声の流れる順番にヒントが出てくることが多いので、設問はほぼ上から順番に解くことができます。しかし、この例題のように例外的に最初の問題の答えが最後に確定できるパターンもあります。

説明文問題の必勝ルール

Part 4　説明文問題の必勝ルール 29〜30

説明文のテーマは何？ のパターン

⇒ ルール 29　　Part 4 のテーマは決まっている
⇒ ルール 30　　「どんなつもりで言ったの？」説明の意図問題

説明文問題 例題 2 を見て、具体的にルールの確認をしてみましょう！　　●CD-13

説明文問題 例題 2

> この説明文は「メッセージ」だということが明らかなので、誰が誰に向けたものか考えながら聞きましょう。

1. What is the purpose of the message?
   メッセージの目的は何？

   (A)　To book a taxi
   (B)　To make a complaint
   (C)　To arrange a delivery
   (D)　To reschedule an appointment

Part 4 説明文問題の必勝ルール 29〜30

> It often happens. と聞こえた時には手遅れだった…。ということがないように注意。

2. What does the speaker mean when he says, "It often happens"?
「よくあることです」といったときどんな意味でしたか?

(A) Traffic is usually delayed.
(B) Items are often left behind.
(C) Journeys are longer than estimated.
(D) Costs are higher than expected.

> 「話し手はこれから何を勧めていますか?」のタイプの設問は、説明文の最後のほうを聞くとヒントがわかります。

3. What does the speaker encourage Ms. Johnson to do?
話し手はジョンソンさんに何を勧めていますか?

(A) Leave early
(B) Write a letter
(C) Return a call
(D) Check her flight

> スクリプト

Questions 1 through 3 refer to the following telephone message.

Hello. This is John Dawson from City Cars with a message for Ms. Johnson. You used our service yesterday to take you from the local airport to your home. When our driver ended his shift last night, **he found a bag containing souvenirs that you had forgotten to take with you**.

> Q1.「ドライバーが鞄を見つけました。」

> Q2.「よくあることです」って、一体、何がよくあるのでしょう。

I guess you were tired after your long flight and forgot about it. **It often happens**.

> Q1.「お越しになってもいいですし、こちらから伺いましょうか。」

I have the bag here at our office. **You can either come to get your bag or I can drop it off to you later today. Give me a call and let me know which option you prefer.** The number is 555-0023. Thanks.

> Q3.「お電話でお知らせください」と言っていますね。

Part 4　説明文問題の必勝ルール 29〜30

> 日本語訳

問題1から3は、次の電話メッセージに関するものです。

こんにちは。私はシティー・カーズのジョン・ドーソンで、これはジョンソンさんへのメッセージです。あなたは昨日、地元の空港からあなたの家まで送るために我々のサービスをご利用になりました。ドライバーが昨晩彼のシフトを終えた時、彼はあなたが持ち帰るのを忘れたお土産が入っている鞄を発見しました。私は、おそらくあなたが長い飛行のあとで疲れていて、それを忘れたのだと思います。これは、よく起こります。その鞄はここ我々のオフィスで預かっています。バッグをとりに来ることもできますし、あるいは、私が今日の遅くに、それをあなたに届けることもできます。ご連絡をいただき、どちらの選択肢をお望みかをお知らせください。電話番号は、555-0023 です。ありがとうございました。

Vocabulary ▶

□ souvenir　名 お土産、記念品
□ drop off　ウトウトする、取れる、外れる、置いていく、荷を下ろす

> 日本語訳

1. このメッセージの目的は何ですか？
    (A) タクシーの予約をすること
    (B) 苦情を言うこと
    (C) 配達を手配すること
    (D) 約束を変更すること

2. 男性が、「よく起こることです。」と言った時、何を意味していましたか？？
    (A) 交通は、通常遅れる。
    (B) アイテムは、しばしばあとに残される。
    (C) 思っていたより、旅行は長い。
    (D) 予想されるより、経費は高い。

3. 話し手は、ジョンソンさんに何をするよう、うながしていますか？
    (A) 早く去ること
    (B) 手紙を書くこと
    (C) 折り返し電話をすること
    (D) 彼女のフライトを確認すること

説明文問題の必勝ルール

📝 Vocabulary ▶

- [ ] book 　他 予約する
- [ ] make a complaint 　苦情を言う、文句を言う
- [ ] arrange 　他 手配する、準備する、配置する、整理する
- [ ] reschedule 　他 計画を変更する
- [ ] estimate 　他 見積もる、推定する
- [ ] encourage 　他 励ます、奨励する

ルールの説明

Part 4 の説明文のテーマはだいたい限られています。Part 3 が複数人物の会話で、会話の流れがどんどん変わる一方、Part 4 は 1 人が決められたテーマについて話しているので、解きやすいという受験者もいます。

ルール 29　Part 4 のテーマは決まっている

ここに出てくるような「電話のメッセージ」は頻出です。そのほかにも、「アナウンス」「トーク」「スピーチ」など、慣れてくると、どれも聞き慣れた言いまわしが聞こえてくることが多いです。

ルール 30　「どんなつもりで言ったの？」説明の意図問題

It often happens と聞いた時にはすでに、どんなつもりで言ったのかを知るヒントの音声は流れたあとなので、常に内容を記憶できるまで聞き取り能力を深める必要があります。

「リスニングの解法必勝！30のルール」対応リスト

ご紹介した30のルールが取り扱われている箇所をリストにしました。

ルール番号	Unit	Part	Question
1	1	1	1
1	2	1	1
1	3	1	1
1	3	1	2
1	4	1	2
1	6	1	1
1	7	1	1
1	8	1	2
1	10	1	1
1	11	1	2
1	14	1	1
2	1	1	1
2	1	1	2
2	3	1	1
2	3	1	2
2	4	1	1
2	4	1	2
2	8	1	2
2	10	1	1
2	11	1	2
2	12	1	1
2	14	1	1
3	1	1	1
3	6	1	2
4	1	1	2
4	7	1	1
5	2	1	1
5	5	1	1
5	5	1	2
5	8	1	1
5	9	1	1
5	9	1	2
5	11	1	1
5	12	1	1
5	13	1	1
5	13	1	2
5	15	1	1
6	2	1	1
6	4	1	1
6	5	1	1
6	5	1	2
6	6	1	1
6	6	1	2
6	7	1	1
6	7	1	2
6	8	1	1
6	8	1	2
6	9	1	1
6	9	1	2
6	10	1	2
6	11	1	1
6	12	1	1
6	13	1	1
6	14	1	1
6	15	1	2
7	7	2	3
8	2	1	2
8	3	1	1
8	13	1	1
8	13	1	2
8	14	1	2
8	15	1	2
9	2	1	2
9	12	1	2
9	14	1	2

ルール番号	Unit	Part	Question
11	1	2	1
11	2	2	1
11	2	2	3
11	3	2	1
11	4	2	1
11	5	2	1
11	5	2	2
11	6	2	1
11	7	2	1
11	8	2	1
11	9	2	1
11	10	2	1
11	11	2	1
11	11	2	3
11	12	2	1
11	13	2	2
11	14	2	2
11	15	2	1
11	15	2	2
12	2	2	4
13	11	2	2
14	1	2	2
14	7	2	4
14	14	2	3
15	1	2	3
15	3	2	3
15	4	2	3
15	10	2	2
15	12	2	3
15	13	2	1
15	15	2	4
16	2	2	3
16	4	2	3
16	9	2	4
17	8	2	3
18	5	2	4
18	6	2	4
18	7	2	3
18	10	2	4
19	2	2	4
19	3	2	2
19	5	2	3
19	8	2	2
19	10	2	3
20	1	2	2
20	2	2	4
20	3	2	2
20	4	2	4
20	6	2	3
20	7	2	2
20	9	2	3
20	12	2	2
20	15	2	3
21	3	2	2
21	4	1	2
21	4	2	1
21	5	2	3
21	6	2	4
21	7	2	3
21	9	2	2
21	10	1	1
21	10	2	1
21	10	2	3
21	10	2	4
21	13	2	4
21	15	2	3

ルール番号	Unit	Part	Question
22	1	2	4
22	3	2	4
22	4	2	2
22	6	2	2
22	7	2	4
22	8	2	4
22	9	2	2
22	11	2	4
22	12	2	4
22	13	2	4
22	14	2	1
23	11	3	3
23	12	3	3
23	13	3	2
23	14	3	2
23	15	3	2
23	15	3	3
24	1	3	3
24	2	3	2
24	2	3	3
24	3	3	2
24	3	4	3
24	4	3	3
24	4	4	3
24	5	3	2
24	7	4	2
24	8	4	3
24	9	3	3
24	10	4	2
24	12	4	2
24	13	3	2
24	14	3	1
24	14	4	1
24	14	4	3
25	7	3	1
25	10	3	1
26	6	3	2
26	7	3	2
26	8	3	2
26	9	3	2
26	10	3	2
27	11	4	3
27	12	4	3
27	13	4	1
27	14	4	2
27	15	4	2
28	1	3	1
28	2	4	3
28	3	3	1
28	4	4	2
28	5	4	1
28	6	3	3
28	8	3	3
28	10	3	3
28	10	4	1
28	10	4	3
28	12	4	3
28	13	3	3
29	2	4	1
29	3	4	1
29	15	4	1
30	2	4	2
30	5	4	2
30	7	4	3
30	9	4	3

テーマ別
リスニングセクション問題
Unit 1 ~ Unit 15

GET 500 SCORE IN 15 DAYS
FOR THE TOEIC® LISTENING
AND READING TEST!
COMPLETE MASTER FOR LISTENING

Unit 1 Shopping Mall

Part 1 写真描写問題

(1回目)　(2回目)

> ショッピングの写真描写問題では店に置いてあるものが目につきやすいですよね。でも、それを含むものが正解かどうかについては注意深く判断しましょう。写真に写っているのは何か、口に出して3つ言ってから音声を聴いてみましょう。

CD-14

Directions

For each question in this part, you will hear four statements about a picture in your test book. When you hear the statements, you must select the one statement that best describes what you see in the picture. Then find the number of the question on your answer sheet and mark your answer. The statements will not be printed in your test book and will be spoken only one time.

1.

Ⓐ Ⓑ Ⓒ Ⓓ

2.

Ⓐ Ⓑ Ⓒ Ⓓ

46

Shopping Mall Part 1

1 正解 ▶ (C)

スクリプト ▶
(A) She's growing some fruit.
(B) She's working on a farm.
(C) She's shopping in a store.
(D) She's pushing a shopping cart.

日本語訳 ▶
(A) 彼女はある果物を栽培しています。
(B) 彼女は農場で働いています。
(C) 彼女は店で買い物をしています。
(D) 彼女はショッピングカートを押しています。

解説 ▶
人物写真で 1 人にフォーカス。 ⇒リスニングの解法 ルール 1,2
(A) は写真に果物が見えますが、栽培しているわけではないので不正解。
彼女は働いているのかもしれませんが、農場で働いているかはわからないので (B) も間違い。
女性の左に値札のようなものがいくつか見られ、商品も置いてあるので彼女は店で買い物をしていると考えられるので、(C) が正解。ショッピングカートは写真の中にないので (D) は間違いです。 ⇒リスニングの解法 ルール 3

Vocabulary ▶ □ grow 他 栽培する、育てる、（髪などを）生やす

---

2 正解 ▶ (B)

スクリプト ▶
(A) The woman's putting on some pants.
(B) The woman's examining some merchandise.
(C) The woman's paying for some goods.
(D) The woman's entering a store.

日本語訳 ▶
(A) 女性はあるズボンをはいているところです。
(B) 女性はある商品を吟味しています。
(C) 女性はいくつかの商品の代金を払っています。
(D) 女性は店に入るところです。

解説 ▶
人物の写真で、1 人にフォーカス。
写真にはズボンがたくさん写っていますが、女性はズボンをはいているところではないので (A) は不正解です。
女性はある商品をよく見ているので (B) が正解になります。examine と聞いて「試験？調査？」などと日本語訳を浮かべてしまうと正解できません。注意しましょう。 ⇒リスニングの解法 ルール 2,4
女性は代金を支払っていないので (C) は間違いです。paying が聞き取れていないと、そのあとの for some goods を聞いて、誤答する可能性があります。
女性が今、店に入っている動作をしていないので (D) も間違いです。

Vocabulary ▶ □ examine 他 調査する、検査する、吟味する □ merchandise 名 商品

47

Unit 1 Shopping Mall

Part 2 応答問題

会話をしている人は、店員、顧客、店について知っている人の中の誰なのか、状況をつかみましょう。
お店の営業状況、商品などが話題になります。

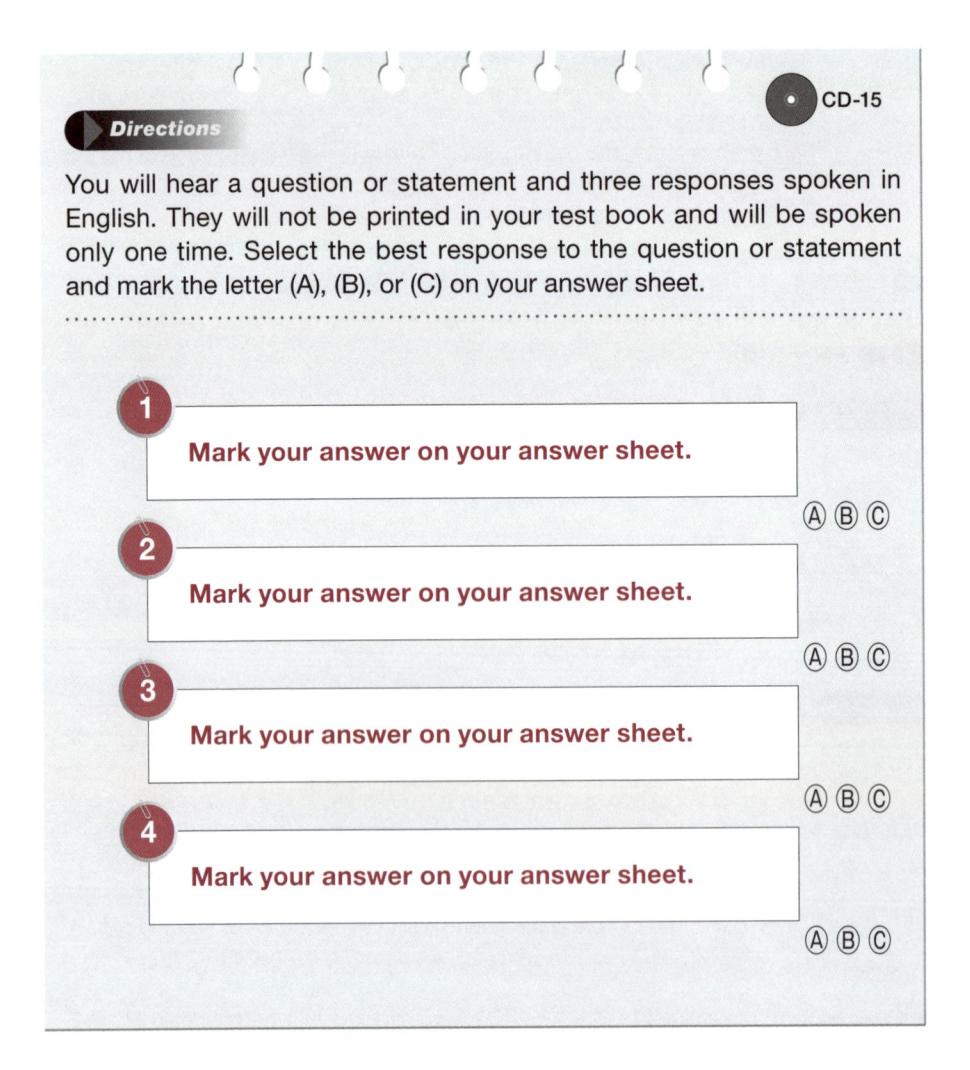

CD-15

Directions

You will hear a question or statement and three responses spoken in English. They will not be printed in your test book and will be spoken only one time. Select the best response to the question or statement and mark the letter (A), (B), or (C) on your answer sheet.

1 Mark your answer on your answer sheet.   Ⓐ Ⓑ Ⓒ

2 Mark your answer on your answer sheet.   Ⓐ Ⓑ Ⓒ

3 Mark your answer on your answer sheet.   Ⓐ Ⓑ Ⓒ

4 Mark your answer on your answer sheet.   Ⓐ Ⓑ Ⓒ

Shopping Mall　Part 2

1　正解 ▶ **(B)**

スクリプト ▶ **What time does the store close today?**

(A) It's close to the train station.
(B) In about half an hour.
(C) Yes, in the store room.

日本語訳 ▶ **その店は今日何時に閉まりますか？**
(A) それは駅の近くにあります。
(B) およそ30分で（閉まります）。
(C) はい、貯蔵室に。

解説 ▶ **疑問詞で始まる疑問文。**⇒リスニングの解法 ルール 11
その店は、今日何時に閉まるかを聞いています。
(A) は設問の動詞、close（閉める）を、形容詞の「接近した」の意味で使用して誤答を誘っていますが、時間を聞かれているのに対し、場所を答えているので間違いです。
「およそ30分で（閉まります）。」と、時間を答えているので (B) が正解となります。
(C) も、何かがある場所を答えていて文意に沿わないため、不正解です。

Vocabulary ▶ □ close 　他 閉める　　自 閉まる　　形 接近した、隣接した

2　正解 ▶ **(A)**

スクリプト ▶ **Would you like the blue skirt or the red one?**

(A) Which do you prefer?
(B) The skirt is better.
(C) I like it very much.

日本語訳 ▶ **青いスカートと赤いスカートでは、どちらがお好きですか？**
(A) あなたは、どちらがお好きですか？
(B) スカートのほうがよいです。
(C) 私はそれがとても気に入りました。

解説 ▶ **AかBかどちら？ と聞かれる選択疑問文。**⇒リスニングの解法 ルール 20
青いスカートと赤いスカートはどちらがいいか、聞かれています。
(A) のようにどちらがいいかと聞かれているのに対して、単純にどちらかを答える以外に、「あなたはどちらが好きですか？」と聞き返している応答もその質問の答えとして自然であれば、正解になります。⇒リスニングの解法 ルール 14
(B) は不正解。例えば、「スカートとズボン、どちら？」というような設問の場合には応答として成り立ちます。（解説、次頁へ続く）

Unit 1 Shopping Mall

Part 2 応答問題

(C) は it の指すものがわからないので間違いです。

Vocabulary ▶ □ prefer　自 ～がより好き

---

③ 正解 ▶ (B)

スクリプト ▶ Why don't you try on the jacket?

(A) I must try harder in the future.
(B) That's a good idea.
(C) For two people.

日本語訳 ▶ そのジャケットを着てみてはいかがですか？

(A) 今後、より一生懸命に試みなければなりません。
(B) それはよい考えです。
(C) 2人です。

解説 ▶ 提案 / 依頼 / 勧誘の表現のパターン。⇒リスニングの解法 ルール 15
Why don't you ～?　で、「～したらいかがですか？」という提案を表しています。try を単独で用いていますが、何を試みるのかがわからないので (A) は不正解となります。
「ジャケットを試着しませんか」との提案に対して、「いいですね」と答えている (B) が、正解です。
(C) は会話が自然に流れていないので間違いです。

Vocabulary ▶ □ try on ～　自 試着する

Shopping Mall　Part 2

4 　正解 ▶ (C)

スクリプト ▶ **This table looks very nice.**

(A) They taste delicious.
(B) I look forward to meeting you.
(C) Yes, and the price is reasonable, too.

日本語訳 ▶ **そのテーブルは、非常に素晴らしく見えます。**
(A) それらはおいしい味がします。
(B) あなたにお会いできることを楽しみにしております。
(C) はい、それに価格も手頃です。

解　説 ▶ 平叙文に答える問題。⇒リスニングの解法 ルール22
設問が「そのテーブルは非常に素晴らしく見えます。」と、疑問文ではない文に対し、その応答として適切なものを選ばせるのは Part 2 のよくある問題の一つです。
(A) は設問が「料理」のことを言っていると誤解した時に間違える可能性がありますが、意味が通じないため不正解です。
(B) は設問の look を用いていますが意味が通じないため、不正解です。
(C) は Yes, と言って同意したあとに「価格も手頃です」と意見を加えているので正解となります。

Vocabulary ▶
- taste　自　〜の味がする
- look forward to 〜　〜を楽しみに待つ
- reasonable　形　手頃な

Go for it!

頑張りましょう！

Unit 1 Shopping Mall

Part 3 会話文問題

(1回目) (2回目)

CD-16

Directions

You will hear a conversation between two or more people. You will be asked to answer three questions about what the speakers say in the conversation. Select the best response to each question and mark the letter (A), (B), (C), or (D) on your answer sheet. The conversation will not be printed in your test book and will be spoken only one time.

1. Where does the conversation take place?
(A) At a hotel
(B) At a newspaper office
(C) At a publishing firm
(D) At a bookstore

2. What is the problem?
(A) A book has been lost.
(B) An item is out of stock.
(C) A delivery is delayed.
(D) An article contains an error.

3. What does the man offer to do?
(A) Resend an item
(B) Offer a discount
(C) Refund a purchase
(D) Locate a product

Shopping Mall   Part 3

Unit 1

> 英文を聞く前に、まず設問と選択肢に目を通してみましょう。選択肢からヒントが得られることもあります。

Questions 1 through 3 refer to the following conversation.

スクリプト ▶
- **M.** Hi, do you need any help?
- **W.** I'm looking for the new title by John Bradshaw. It's called Midnight River. ① **Do you have it in stock?**
- **M.** You're the third person this morning to ask about ① **that novel**. Unfortunately, ② **we sold out yesterday**.
- **W.** That's too bad. It's my friend's birthday tomorrow and I was hoping to get it for him as he's a big fan of John Bradshaw.
- **M.** Well, if you'd like to wait, ③ **I can call around to a few of our other branches in the city and see if I can find a copy nearby**.

* M＝男性、F＝女性（以下同）

日本語訳 ▶ 問題1から3は、次の会話に関するものです。

- **M.** こんにちは、何かお探しですか？
- **W.** ジョン・ブラッドショーの新作を探しています。「真夜中の川」というものです。在庫はありますか？
- **M.** 今朝その小説について尋ねてくださったのは、あなたが3人目です。あいにく、昨日売り切れてしまいました。
- **W.** それは残念です。明日は友達の誕生日で、彼がジョン・ブラッドショーの大ファンなので、彼のためにそれを手に入れたかったのです。
- **M.** そうですか。もしお待ちいただけるのなら、私は市内にある他の2、3の支店に電話して、近くに在庫があるかどうかを確認することができます。

Vocabulary ▶
- □ in stock　在庫がある
- □ novel　名 小説
- □ sell out　売り切れる
- □ a fan of ～　～のファンである
- □ branch　名 支店
- □ nearby　副 近くで、近くの

Unit 1 Shopping Mall

Part 3 会話文問題

1 ▌▌▌ 正解 ▶ (D)

スクリプト ▶ **Where does the conversation take place?**
　　　　　　　　　　└→ どこ？
(A) At a hotel
(B) At a newspaper office
(C) At a publishing firm
(D) At a bookstore

日本語訳 ▶ **この会話はどこで行われていますか？**
(A) ホテル
(B) 新聞社の事務所
(C) 出版社
(D) 書店

解説 ▶ 設問3問中、1問目は会話の最初のほうを聞くとわかります。
⇒ リスニングの解法 ルール 28
男性の do you need any help? (何かお探しですか？) から、男性は接客をしており、女性の最初の発言、Do you have it in stock? (在庫はありますか？) から、「新作の在庫について聞いている」とわかります。さらに、男性の2回目の発言で、that novel (その小説) と言っていることより、正解は (D) の At a bookstore となります。

Vocabulary ▶ □ take place　行われる
　　　　　　　　□ publishing firm　名 出版社

2 ▌▌▌ 正解 ▶ (B)

スクリプト ▶ **What is the problem?**
　　　　　　　　　└→ 何？
(A) A book has been lost.
(B) An item is out of stock. ──→ sold out の言い換え。
(C) A delivery is delayed.
(D) An article contains an error.

日本語訳 ▶ **何が問題ですか？**
(A) 本がなくなったこと。
(B) 商品が品切れであること。
(C) 配達が遅れること。
(D) 記事に誤りがあること。

Shopping Mall　Part 3

解説 ▶ 男性の2番目の発言で we sold out yesterday.（昨日売り切れてしまいました。）と言っていることから、売り切れてしまったことが問題だとわかります。したがって正解は「品切れである」という意味の (B) An item is out of stock. となります。

Vocabulary ▶ ☐ out of stock　品切れ
☐ delay　名 遅れ
☐ contain　他 含む

---

3 ▮▮▮ 正解 ▶ **(D)**

スクリプト ▶ **What does the man offer to do?**
　　　　　　　　　　　　└→男性の発言に注目。
(A) Resend an item
(B) Offer a discount
(C) Refund a purchase
(D) Locate a product → find a copy の言い換え。

日本語訳 ▶ **男性は、何をすると申し出ましたか？**
(A) 商品を再送すること
(B) 割引きをすること
(C) 購入品を払い戻すこと
(D) 製品の所在を確認すること

解説 ▶ 設問の先読みで、男性が何かを申し出ることがあらかじめわかります。男性は最後の発言で I can call around to a few of our other branches in the city and see if I can find a copy nearby.（私は市内にある他の2、3の支店に電話して、近くに在庫があるかどうかを確認することができます。）と言っているので、書店の他の支店で在庫を調べることがわかります。正解は似た意味を別の単語で表現している、(D) Locate a product です。⇒リスニングの解法 ルール 24

Vocabulary ▶ ☐ refund　他 払い戻す、返済する
☐ locate　他 位置を突き止める、場所を確認する

Unit 1 Shopping Mall

Part 4 説明文問題

CD-17

Directions

You will hear a talk given by a single speaker. You will be asked to answer three questions about what the speaker says in the talk. Select the best response to each question and mark the letter (A), (B), (C), or (D) on your answer sheet. The talk will not be printed in your test book and will be spoken only one time.

1. What type of business is being advertised?
(A) A travel agency
(B) A home appliance store
(C) A camping goods store
(D) A department store

Ⓐ Ⓑ Ⓒ Ⓓ

2. What is indicated about the sale?
(A) It lasts for one month.
(B) It will end tomorrow.
(C) It is held once a year.
(D) It will begin tomorrow.

Ⓐ Ⓑ Ⓒ Ⓓ

3. Why should listeners visit the Web site?
(A) To obtain a product code
(B) To read customer reviews
(C) To view store locations
(D) To see store inventory

Ⓐ Ⓑ Ⓒ Ⓓ

Shopping Mall　Part 4

ショッピングモールやデパートのトピックでは、館内案内や、セールの案内、などが出題されます。

Questions 1 through 3 refer to the following advertisement.

スクリプト ▶ Attention shoppers! ② **The annual Kelton's Summer Sale begins next week with huge discounts throughout the store Monday through Sunday.** ① **Make huge savings on menswear, womenswear, and children's wear.** Planning to refurbish your home? No problem, we are offering 20 percent off ① **home appliances**. Going camping? If so, save big on ① **tents and sleeping bags**. Whether you need ① **a new jacket, a new bed, or simply a pair of shoes** for work, Kelton's is the place to shop. ③ **Visit our Web site at www.kelton.com to view our entire product range.**

日本語訳 ▶ 問題 1 から 3 は、次の広告に関するものです。

お買い物中のお客様！ 年に一度のケルトンズのサマーセールが来週、月曜日から日曜日まで、店内全体での大幅な割り引きから始まります。紳士服、婦人服、そして子ども服でたくさんお得なお買い物をしてください。模様替えのご予定はありますか？ ご心配なく、当店では家庭用品を 20％引きでご提供いたします。キャンプに行きますか？ そうなら、テントと寝袋でよい買い物をしてください。新しいジャケット、新しいベッド、あるいは、単に仕事用の靴が必要でも、ケルトンズでお買い物してください。当店のウェブサイト www.kelton.com へご訪問いただき、当店すべての売り場の製品をご覧ください。

Vocabulary ▶
- annual　形　年1回の
- huge　形　莫大な
- saving　名　倹約、貯金
- refurbish　他　～を改装する
- home appliance　家庭用品
- simply　副　単に
- entire　形　すべての
- range　名　種類（範囲）

Unit 1 **Shopping Mall**

Part 4 説明文問題

1 正解 ▶ **(D)**

スクリプト ▶ <u>What type of business is being advertised?</u>
　　　　　　　　　　└→ ビジネスのタイプは何かに注意。

(A) A travel agency
(B) A home appliance store → 説明文に home appliance とあるがデパートにある商品の一部でしかない。
(C) A camping goods store → Going camping? If so, ～とあるがデパートの商品カテゴリーの一部でしかない。
(D) A department store

日本語訳 ▶ どんなタイプのビジネスが広告されていますか？
(A) 旅行代理店
(B) 家庭用品店
(C) キャンプ用品店
(D) デパート

解説 ▶ 冒頭では Attention shoppers!（お買い物中のお客様！）と、店で買い物している顧客に話しかけています。
3文目に Make huge savings on menswear, womenswear, and children's wear.（紳士服、婦人服、そして子ども服でたくさんお得なお買い物をしてください。）とあり、洋服を販売していることがわかります。続く5文目に home appliances（家庭用品）、7文目にも ,tents and sleeping bags（テントと寝袋）とあり、続く8文目で、a new jacket, a new bed, or simply a pair of shoes（新しいジャケット、新しいベッド、あるいは単に靴）とあるので、これらを全部扱っている場所を考えると (D) A department store が正解となります。

Vocabulary ▶ □ advertise 他 宣伝する
□ agency 名 代理店
□ appliance 名 用品

---

2 正解 ▶ **(C)**

スクリプト ▶ <u>What is indicated about the sale?</u>
　　　　　　　　　　　　　└→ セールスについて聞かれるとわかる。

(A) It lasts for one month.
(B) It will end tomorrow.
(C) It is held once a year.
(D) It will begin tomorrow.

Annual がわからなくても、begins next week ～ Monday through Sunday から (A), (B), (D) は、不正解に。

Shopping Mall　Part 4

Unit 1

日本語訳 ▶ セールについて、何が述べられていますか？
(A) それは、1ヵ月間続きます。
(B) それは、明日終わります。
(C) それは、年に一度あります。
(D) それは、明日始まります。

解説 ▶ 2文目に The annual Kelton's Summer Sale begins next week with huge discounts throughout the store Monday through Sunday.（年に一度のケルトンズのサマーセールが来週、月曜日から日曜日まで、店内全体での大幅に割り引きから始まります。）とあり、annual「年次の」を聞いた時点で1年に一度開催していることを瞬時に理解しましょう。正解は (C) It is held once a year. です。

Vocabulary ▶
☐ indicate 　他 ～を述べる
☐ last 　自 続く
☐ hold 　他 催す

---

3 ▮▮▮ **正解** ▶ **(D)**

スクリプト ▶ <u>Why</u> should listeners visit the Web site?

(A) To obtain a product code
(B) To read customer reviews
(C) To view store locations
(D) To see store inventory　← view our entire product range の言い換え。

日本語訳 ▶ リスナーは、なぜウェブサイトを訪問すべきですか？
(A) 製品コードを得るため
(B) 顧客レビューを読むため
(C) 店舗の場所を確認するため
(D) 店舗の在庫を見るため

解説 ▶ 最終文で Visit our Web site at www.kelton.com to view our entire product range.（当店のウェブサイト www.kelton.com へご訪問いただき、当店すべての売り場の製品をご覧ください。）とあり、話し手はリスナーに商品をすべて見るためにウェブサイトを訪れるようにうながしています。正解は (D) To see store inventory となります。

Vocabulary ▶
☐ obtain 　他 得る
☐ review 　名 批評
☐ inventory 　名 目録、棚卸し表

Unit 2　Transportation

Part 1　写真描写問題

(1回目) (2回目)

電車や飛行機、タクシー、車、バス、船など様々な乗り物の写真が出てきます。乗り物の乗り降りや、運行中、停車中、待っている人たち、移動している人たちなどが出題の対象となります。

CD-18

Directions

For each question in this part, you will hear four statements about a picture in your test book. When you hear the statements, you must select the one statement that best describes what you see in the picture. Then find the number of the question on your answer sheet and mark your answer. The statements will not be printed in your test book and will be spoken only one time.

1

Ⓐ Ⓑ Ⓒ Ⓓ

2

Ⓐ Ⓑ Ⓒ Ⓓ

Transportation Part 1

1 正解 ▶ (C)

スクリプト ▶
(A) The train's door is open.
(B) A passenger is boarding the train.
(C) A woman is looking at a map.
(D) The train platform is deserted.

日本語訳 ▶
(A) 電車のドアは開いています。
(B) 乗客は電車に乗り込んでいます。
(C) 女性は地図を見ています。
(D) プラットホームはひとけがありません。

解説 ▶ **人物写真で1人にフォーカス。** ⇒リスニングの解法 ルール 1, 5
(A) は、「電車」も「ドア」も写真に見えますが、ドアが閉まっているため、不正解です。⇒リスニングの解法 ルール 6
この女性が乗客かどうかわからず、さらに、電車に乗り込んでいないため、(B) も不正解。女性は地図を見ているので (C) が正解となります。
プラットホームには少なくとも1人の人がいるので (D) は不正解です。

Vocabulary ▶
☐ board　他 乗り込む
☐ deserted　形 人の住まない、人のいなくなった、さびれた

---

2 正解 ▶ (A)

スクリプト ▶
(A) The vessels are docked in the harbor.
(B) Some sailboats are sailing away from the shore.
(C) The boats are all the same size.
(D) Some waves are crashing over the harbor wall.

日本語訳 ▶
(A) 船は、港に停められています。
(B) いくつかの帆船は、岸から離れて航走しています。
(C) ボートはすべて同じサイズです。
(D) いくつかの波は、港の壁に向かって大きな音を立ててぶつかっています。

解説 ▶ **風景、室内の写真。**
何艘かの船が港に停まっているので (A) が正解です。⇒リスニングの解法 ルール 9
確かに、何艘かの帆船が写真に見えますが、岸の近くにとまっているので、(B) は不正解です。⇒リスニングの解法 ルール 8
ボートは大きいものと小さいものが停まっているので、(C) も不正解。
海の状態は穏やかで、波も見られないので (D) も不正解です。

Vocabulary ▶
☐ vessel　名 船　　☐ dock　自 (船が) ドックに入る、埠頭につく
☐ harbor　名 港　　☐ sail　自 帆走する、航海する
☐ shore　名 岸　　☐ crash　自 大きな音を立ててぶつかる

Unit 2　Transportation

Part 2　応答問題

交通手段や、目的地、移動時間についての会話が多く出題されます。

CD-19

Directions

You will hear a question or statement and three responses spoken in English. They will not be printed in your test book and will be spoken only one time. Select the best response to the question or statement and mark the letter (A), (B), or (C) on your answer sheet.

1 Mark your answer on your answer sheet.　Ⓐ Ⓑ Ⓒ

2 Mark your answer on your answer sheet.　Ⓐ Ⓑ Ⓒ

3 Mark your answer on your answer sheet.　Ⓐ Ⓑ Ⓒ

4 Mark your answer on your answer sheet.　Ⓐ Ⓑ Ⓒ

1 正解 ▶ (B)

スクリプト ▶ **What's the quickest way to get to the beach?**

(A) About 20 people.
(B) Use Highway 5.
(C) At 2:30.

日本語訳 ▶ ビーチに到着する最も早い方法は何ですか？
(A) 約 20 人です。
(B) 5 号線を使ってください。
(C) 2:30 です。

解説 ▶ 疑問詞で始まる疑問文。⇒リスニングの解法 ルール 11
ビーチに一番早く着く方法を聞いています。
方法を聞かれているのに対して、(A) は人数を答えているので不正解。
(B) は Use という動詞で始まり、命令形を使うことで、「5 号線を使ってください。」と、ビーチに着く方法を示しているので正解となります。
(C) は 2 時半という時刻を答えているので間違いです。

Vocabulary ▶ ☐ highway 　🔖 幹線道路

---

2 正解 ▶ (C)

スクリプト ▶ **Excuse me, is this bus going to Grangeford?**

(A) Don't make excuses.
(B) I'm making it now.
(C) As far as I know, yes.

日本語訳 ▶ すみません、このバスはグランジフォードへ行きますか？
(A) 弁解をしないでください。
(B) 私は、今それを作っています（または：成功しています、うまくやっています）。
(C) 私が知る限り、そうです。

解説 ▶ Is this ～ ? で始まる一般疑問文。
Excuse me. と語りかけたあとにグランジフォードへの行き方を聞いています。
(A) は設問の Excuse と同じ音を使ったひっかけ選択肢です。設問では excuse は動詞で使われているのに対し、選択肢 (A) では excuse は名詞の「言い訳」の意味で使われています。
(B) は it の指すものがわからず、会話が流れていないので不正解。
「私が知る限り、そうです（バスはグランジフォードに行きます）。」と答えている (C) が正解となります。

Unit 2 Transportation

Part 2 応答問題

Vocabulary ▶
- ☐ make excuses　弁解する
- ☐ make it　うまくやり遂げる、成功する、間に合う
- ☐ as far as　〜する限り

---

3 ▌▌▌ 正解 ▶ **(B)**

スクリプト ▶ **Why is the train late?**

(A) Because it's easy.
(B) It broke down.
(C) At Gate 24.

日本語訳 ▶ **なぜ電車は遅れているのですか？**
(A) なぜならそれが簡単だからです。
(B) それは壊れたからです。
(C) 24番ゲートで。

解　説 ▶ **疑問詞で始まる疑問文。** ⇒リスニングの解法 ルール11
電車が遅れている理由を聞いています。
(A) は「簡単だから」では会話が成立しないので、間違いです。理由を聞かれているのに対して、Because で答えていても、続く会話が質問に対応していないのは典型的なひっかけ問題です。⇒リスニングの解法 ルール16
(B) は Because で始まっていませんが、電車が遅れた理由を示しているので正解です。
(C) はゲートの番号を答えています。電車の発着ホームを聞かれていると勘違いしていると誤答する可能性があります。

Vocabulary ▶ ☐ break down　🔲 故障する

Transportation　Part 2

Unit 2

4 ■■■ 正解 ▶ **(A)**

スクリプト ▶ **Would you like a one-way or a round-trip ticket?**

(A) A one-way ticket, please.
(B) Around the corner.
(C) No, by car.

日本語訳 ▶ **片道または往復のチケット、どちらがよろしいですか？**
(A) 片道でお願いします。
(B) 角の辺りです。
(C) いいえ、車です。

解　説 ▶ **A か B かどちらか？と聞かれる選択疑問文。**⇒リスニングの解法 ルール 19, 20
片道のチケット、もしくは往復のチケットどちらがいいか聞いています。どちらがいいかと聞かれているのに対して、この場合、「片道でお願いします」と、単純にどちらかを答えている (A) が正解です。⇒リスニングの解法 ルール 19
(B) は場所を示しているので不正解です。設問の a round-trip の意味がわからないと、音が耳に残ってしまいがちですが、意味がわからないまま、何となく音の似ている Around the corner に誤答しないようにしましょう。
⇒リスニングの解法 ルール 12
(C) は移動手段を答えていて、会話が自然に流れていませんので、間違いです。

Vocabulary ▶ ☐ one-way　形 片道の
☐ round-trip　形 往復の

Keep going!

その調子！

Unit 2 **Transportation**

Part 3 会話文問題

CD-20

Directions

You will hear a conversation between two or more people. You will be asked to answer three questions about what the speakers say in the conversation. Select the best response to each question and mark the letter (A), (B), (C), or (D) on your answer sheet. The conversation will not be printed in your test book and will be spoken only one time.

1
Where does the conversation take place?
(A) At a parking lot
(B) At a train station
(C) At an airport
(D) At a bus stop

Ⓐ Ⓑ Ⓒ Ⓓ

2
What does the man say about the last four cars?
(A) They are for first class passengers only.
(B) They are usually more crowded.
(C) They will not go to Bradford.
(D) They are more expensive.

Ⓐ Ⓑ Ⓒ Ⓓ

3
Why is the man traveling to Bradford?
(A) To meet a relative
(B) To visit an exhibition
(C) To attend an interview
(D) To go to work

Ⓐ Ⓑ Ⓒ Ⓓ

Transportation　Part 3

到着時間、出発時間などの描写があったら、集中して間違えないように聞きましょう。

Questions 1 through 3 refer to the following conversation.

スクリプト

W. Excuse me. Are you waiting for the 8:30 A.M. departure to Bradford? The board says ① **it's going to leave from this track.**

M. Yes, I am. ① **It's due in about five minutes.** You've chosen the right place to wait though, because ② **the last four cars terminate at Ashford and only the first four cars go all the way to Bradford.**

W. That's a relief. I had no idea. ① **Do you often take this train?**

M. During the week, yes. ③ **I live here in Porterdown but commute to my office in Bradford.**

日本語訳

問題 1 から 3 は、次の会話に関するものです。

W. すみません。午前 8 時 30 分のブラッドフォード行きの出発を待っていますか？ 掲示板には、この乗り場から出発すると書いてあります。

M. はい、そうです。約 5 分以内にここに来る予定です。待つのに正しい場所を選びましたね。最後の 4 車両はアッシュフォードが終点となり、最初の 4 車両だけがすべてブラッドフォードに行きますから。

W. それは、よかったです。全くわかりませんでした。よくこの電車に乗りますか？

M. はい、平日は乗ります。私はここポーターダウンに住んでいますが、ブラッドフォードにある私のオフィスに通勤しています。

Vocabulary

☐ departure　名 出発
☐ due in　入庫予定、入荷予定
☐ terminate　自 (〜で) 終わる
☐ That's a relief.　それはよかったです。
☐ during the week　平日
☐ commute　自 通勤する、(通勤・通学に) 列車 (バス) に乗る

Unit 2 Transportation

Part 3 会話文問題

1 ■■■ 正解 ▶ **(B)**

スクリプト ▶ <u>Where</u> does the conversation take place?
→どこの場面かに注目。

(A) At a parking lot
(B) At a train station
→ track, five minutes, Do you often take this train? から判断。
(C) At an airport
(D) At a bus stop

日本語訳 ▶ **この会話はどこで行われていますか。**
(A) 駐車場で
(B) 駅で
(C) 空港で
(D) バス停で

解説 ▶ この会話がどこで行われているか聞かれています。女性の最初の発言 The board says it's going to leave from this track.（掲示板には、この乗り場から出発すると書いてあります。）から、ここは電車が発着する場所だとわかります。男性の発言の2文目、It's due in about five minutes.（約5分以内にここに来る予定です。）からも、ここから電車が出発すると考えられます。女性の最後の発言で、Do you often take this train?（よくこの電車に乗りますか？）と言っているので、ここで電車であることははっきりわかります。よって、正解は (B) At a train station となります。

Vocabulary ▶ □ take place　行われる
□ (parking) lot　名 土地

---

2 ■■■ 正解 ▶ **(C)**

スクリプト ▶ What does the man say about <u>the last four cars</u>?
→設問の先読みで、最後の4車両について聞かれるとわかる。

(A) They are for first class passengers only.
(B) They are usually more crowded.
(C) They will not go to Bradford.
→ last four cars terminate at Ashford から判断。
(D) They are more expensive.

Transportation　Part 3

Unit 2

日本語訳 ▶ **男性は、最後の4車両について何と言っていますか？**
(A) ファーストクラスの乗客だけの車両です。
(B) 通常、もっと混み合っています。
(C) ブラッドフォードに行きません。
(D) より費用がかかります。

解説 ▶ 最後の4車両についての男性の発言について聞かれています。
設問の、last four cars から、最後の4車両について聞き取る準備をしておきましょう。⇒リスニングの解法 ルール24 男性の発言の前半3文目の because 以降、the last four cars terminate at Ashford and only the first four cars go all the way to Bradford.（最後の4車両はアッシュフォードが終点となり、最初の4車両だけがすべてブラッドフォードに行きますから。）より、あとの4車両はアッシュフォードにしか行けないとわかります。直接「アッシュフォードに行く」という正解はありませんが、ブラッドフォードには最初に4車両だけとあるので、(C) They will not go to Bradford. が正解です。

Vocabulary ▶ □ car 名 車両　　□ passenger 名 乗客
□ crowded 形 混み合った　□ expensive 形 高価な

---

3 ■■■ 正解 ▶ **(D)**

スクリプト ▶ <u>**Why** is the man traveling to **Bradford**?</u>
　　　　　　　　　　　　　　　　→固有名詞に注意。

(A) To meet a relative
(B) To visit an exhibition
(C) To attend an interview
(D) To go to work
　→ commute to my office in Bradford の言い換え。

日本語訳 ▶ **男性はなぜブラッドフォードへ行きますか？**
(A) 親類に会うため
(B) 展示会を訪れるため
(C) 面接を受けるため
(D) 仕事に行くため

解説 ▶ 設問の先読みで、男性がブラッドフォードに向かうことがわかっています。
⇒リスニングの解法 ルール24
男性が後半の発言の最後で、I live here in Porterdown but commute to my office in Bradford.（私はここポーターダウンに住んでいますが、ブラッドフォードにある私のオフィスに通勤しています。）と言っていて、Bradford にはオフィスがあるとわかります。よって、正解は (D) To go to work となります。

Vocabulary ▶ □ relative 名 親類　　□ exhibition 名 展示会
□ attend an interview 面接を受ける

| Unit 2 | **Transportation** |

Part 4　説明文問題

CD-21

Directions

You will hear a talk given by a single speaker. You will be asked to answer three questions about what the speaker says in the talk. Select the best response to each question and mark the letter (A), (B), (C), or (D) on your answer sheet. The talk will not be printed in your test book and will be spoken only one time.

1. Who is the broadcast intended for?
(A) Concert attendees
(B) Car drivers
(C) Event organizers
(D) Local employers

Ⓐ Ⓑ Ⓒ Ⓓ

2. According to the speaker, what has happened on Highway 12?
(A) A tree has caused a traffic jam.
(B) A storm has reduced visibility.
(C) A vehicle has broken down.
(D) A lane is being resurfaced.

Ⓐ Ⓑ Ⓒ Ⓓ

3. What will listeners hear next?
(A) A new song
(B) A commercial message
(C) A weather report
(D) A safety message

Ⓐ Ⓑ Ⓒ Ⓓ

Transportation Part 4

Unit 2

ラジオ放送では渋滞や、車両点検などで、交通が遅れている様子がよく話題になります。

Questions 1 through 3 refer to the following radio broadcast.

スクリプト ▶ ① **This is Ken Williams at Radio KYTM** with your **hourly traffic update**. ① **Drivers** heading towards City Airport are advised **that traffic around there** is very slow moving at the moment. ② **The traffic congestion is due to a fallen tree across one lane of Highway 12 caused by last night's inclement weather.** ① **If you are driving to the airport** to catch a flight or to meet an arriving passenger, please allow an extra 30 minutes for ① **your journey**. ③ **We will be back with more traffic updates and a full weather forecast straight after the following advertisement from our sponsor.**

日本語訳 ▶ 問題 1 から 3 は、次のラジオ放送に関するものです。

最新交通情報を毎時間お届けするラジオ KYTM のケン・ウィリアムズです。シティ空港に向かっているドライバーの方にお知らせします、現在、周辺の交通が非常にゆっくり動いています。この交通渋滞は、昨夜の悪天候による 12 号線 1 車線の中の倒木によるものです。飛行機に乗るか、到着する乗客に会うために空港への道を運転中であれば、30 分よぶんに見込んでください。スポンサーからの広告のすぐあと、さらに最新交通情報と天気予報をお届けします。

Vocabulary ▶
- ☐ hourly　形　1 時間ごとの
- ☐ update　名　(〜の) 最新情報
- ☐ head toward 〜　〜に向かう
- ☐ be adviced　知らせる
- ☐ due to 〜　〜のため、〜の結果
- ☐ lane of　車線
- ☐ inclement　形　荒れ模様の
- ☐ catch a flight　飛行機に乗る
- ☐ allow　他　(費用・時間などの) 余裕を見ておく、見込む、許す
- ☐ straight after 〜　〜のあとすぐに

Unit 2　Transportation

Part 4　説明文問題

1 ■■■ 正解 ▶ **(B)**

スクリプト ▶ <u>Who</u> is the broadcast intended <u>for</u>?

(A) Concert attendees
(B) Car drivers
 → hourly traffic update
 → Drivers ~ traffic around there
 [→ If you are driving to the airport.] から判断。
(C) Event organizers
(D) Local employers

日本語訳 ▶ **この放送は誰に向けたものですか？**
(A) コンサートの出席者
(B) 自動車運転手
(C) イベント主催者
(D) 地元の雇い主

解説 ▶ この放送が誰に向けたかは冒頭の語りかけを手がかりにします。
⇒リスニングの解法 ルール29
This is Ken Williams at Radio KYTM with your hourly traffic update.（最新交通情報を毎時間お届けするラジオKYTMのケン・ウィリアムズです。）のように、自己紹介と、この放送が交通情報であることを伝えてから、Drivers heading towards City Airport are advised that traffic around there ~（シティ空港に向かっているドライバーの方にお知らせします、現在、周辺の交通が~）と、運転する人に向けて話していることがわかります。よって、正解は(B) car drivers となります。

Vocabulary ▶
□ broadcast　名 放送　　□ intend for ~　~することを意図する
□ attendee　名 出席者　　□ organizer　名 主催者、世話人、まとめ役
□ employer　名 雇い主

---

2 ■■■ 正解 ▶ **(A)**

スクリプト ▶ According to the speaker, <u>what</u> has happened on <u>Highway 12</u>?
　　　　　　　　　　　　　　　　→ 12号線に関することに注意。

(A) A tree has caused a traffic jam.
 → The traffic congestion is due to a fallen tree ~の言い換え
(B) A storm has reduced visibility.
(C) A vehicle has broken down.
(D) A lane is being resurfaced.

Transportation Part 4

日本語訳 ▶ 話し手によると、12号線で何が起こりましたか？
(A) 木が交通渋滞を引き起こした。
(B) 嵐が視界を低下させた。
(C) 車両が壊れた。
(D) 車線が舗装し直されている。

解説 ▶ 12号線で起きたことを聞かれています。
設問にある Highway 12 に関する情報が流れてくるのを待ちますが、The traffic congestion is due to a fallen tree across one lane of Highway 12 ～（この交通渋滞は～ 12号線の1車線の中の倒木によるものです。）と、Highway 12（12号線）が聞こえた時にはすでにこの文中で起こったことに言及していますので注意して聞きましょう。⇒リスニングの解法 ルール30
「倒木のおかげで混雑している」とあるので、これを言い換えた (A) A tree has caused a traffic jam. が正解です。

Vocabulary ▶ ☐ traffic jam 名 交通渋滞 ☐ reduce 他 弱める
☐ visibility 名 視界 ☐ vehicle 名 乗り物
☐ resurface 他 再舗装する、表面を付け替える

---

3 ■■■ 正解 ▶ **(B)**

スクリプト ▶ <u>What</u> will listeners hear <u>next</u>?

(A) A new song
(B) A commercial message
　→ advertisement from our sponsor の言い換え。
(C) A weather report
(D) A safety message

日本語訳 ▶ 聞き手は次に何を聞きますか？
(A) 新曲
(B) コマーシャル
(C) 天気予報
(D) 安全情報

解説 ▶ 聞き手が次に何を聞くかはおそらく放送の最後のほうに出てくると考えましょう。⇒リスニングの解法 ルール28　5文目に We will be back with more traffic updates and a full weather forecast straight after the following advertisement from our sponsor.（スポンサーからの広告のすぐあと、さらに最新交通情報と天気予報をお届けします。）とあることから、次には交通情報と天気予報が広告のあとに流れることがわかるので、正解は advertisement from our sponsor を言い換えた (B) A commercial message となります。

Vocabulary ▶ ☐ commercial message 名 コマーシャル ☐ safety message 名 安全情報

| Unit 3 | # Sightseeing / Travel |

Part 1 写真描写問題

(1回目) (2回目)

空港、観光地などで乗客が荷物を持っている写真、飛行機に搭乗する写真、旅行者たちが並んでいる写真などがよく使用されます。

CD-22

Directions

For each question in this part, you will hear four statements about a picture in your test book. When you hear the statements, you must select the one statement that best describes what you see in the picture. Then find the number of the question on your answer sheet and mark your answer. The statements will not be printed in your test book and will be spoken only one time.

1.

Ⓐ Ⓑ Ⓒ Ⓓ

2.

Ⓐ Ⓑ Ⓒ Ⓓ

《 74 》

Sightseeing / Travel　Part 1

1　正解　(B)

スクリプト
(A) The man's opening his suitcase.
(B) The man's looking at his wrist.
(C) The man's standing by a window.
(D) The man's taking off his jacket.

日本語訳
(A) 男性は、スーツケースを開けています。
(B) 男性は、彼の手首を見ています。
(C) 男性は、窓のそばに立っています。
(D) 男性は、ジャケットを脱いでいます。

解説
人物写真で1人にフォーカス。⇒リスニングの解法 ルール1, 2
(A) は「男性」も「スーツケース」も写真に写っていますが、男性はスーツケースを開けているところではないので、不正解です。⇒リスニングの解法 ルール2
男性が手首のあたりを見ているので、(B) が正解です。
男性は窓から少し離れたところに座っているので (C) は間違い。
→リスニングの解法 ルール8
男性はジャケットを脱ぐ動作を今していないので、(D) は不正解です。

Vocabulary　□ wrist 名 手首　　□ take off 脱ぐ、取り外す

2　正解　(B)

スクリプト
(A) The woman's driving a vehicle.
(B) The woman's adjacent to a car.
(C) The woman's walking across the road.
(D) The woman's wearing a long-sleeve shirt.

日本語訳
(A) 女性は、自動車を運転しています。
(B) 女性は、自動車の近くにいます。
(C) 女性は、道路を渡っています。
(D) 女性は、長袖シャツを着ています。

解説
人物写真で1人にフォーカス。⇒リスニングの解法 ルール1, 2
(A) は「女性」も「自動車」も写真に見えますが、今、運転していないので、不正解。
⇒リスニングの解法 ルール2　女性は自動車のすぐ横で作業をしているので (B) が正解です。adjacent to で「接近している」という意味です。女性は道路にいますが、渡っているところではないので (C) は不正解。(D) も女性が着ているシャツの袖は短いので不正解です。

Vocabulary　□ vehicle 名 乗り物、車両　　□ adjacent 形 隣接した、近隣の、隣接して
□ long-sleeve 名 長袖

Unit 3 Sightseeing / Travel

Part 2 応答問題

乗り物や都市名、宿泊施設などについてが出題の対象となります。

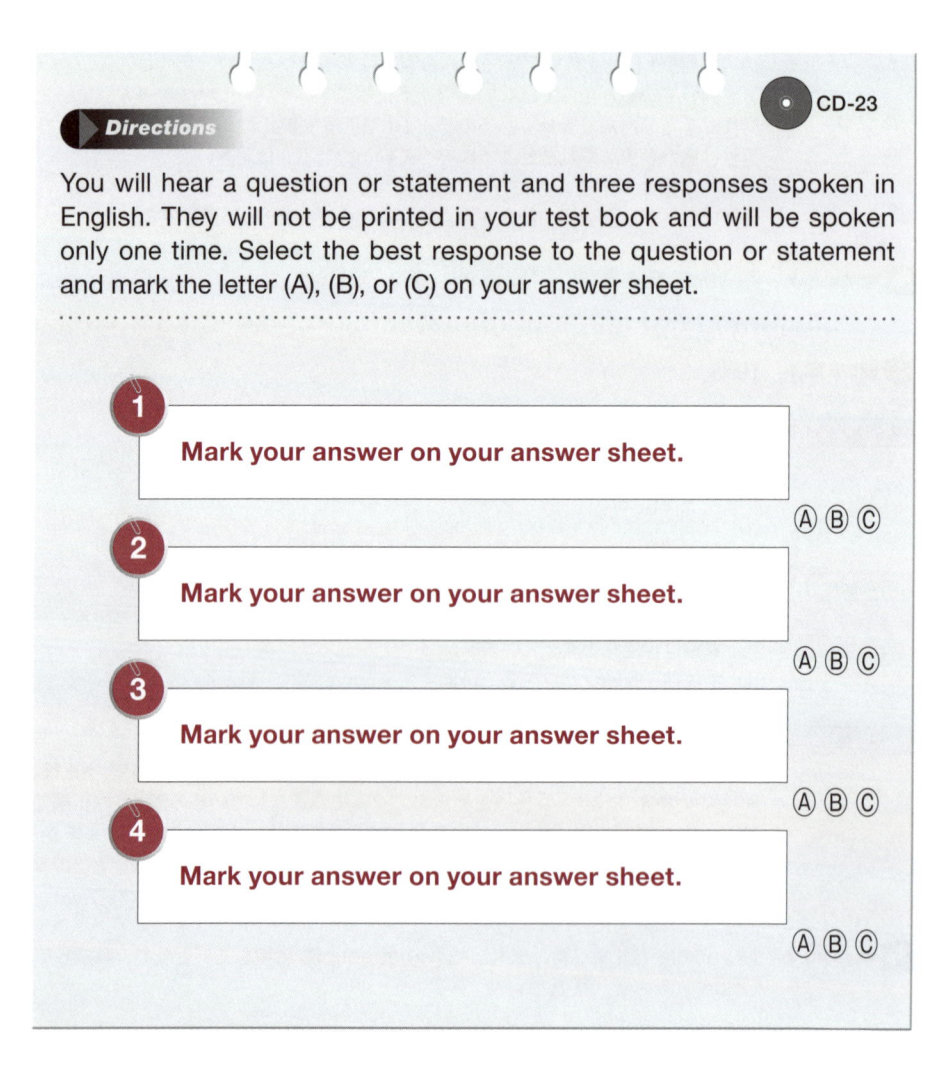

CD-23

Directions

You will hear a question or statement and three responses spoken in English. They will not be printed in your test book and will be spoken only one time. Select the best response to the question or statement and mark the letter (A), (B), or (C) on your answer sheet.

1 Mark your answer on your answer sheet. Ⓐ Ⓑ Ⓒ

2 Mark your answer on your answer sheet. Ⓐ Ⓑ Ⓒ

3 Mark your answer on your answer sheet. Ⓐ Ⓑ Ⓒ

4 Mark your answer on your answer sheet. Ⓐ Ⓑ Ⓒ

Sightseeing / Travel Part 2

1 正解 ▶ (C)

スクリプト ▶ How much does a cable car ride cost?

(A) About twenty minutes.
(B) On Monday.
(C) Four dollars.

日本語訳 ▶ ケーブルカーの運賃はいくらですか？
(A) 約 20 分です。
(B) 月曜日です。
(C) 4 ドルです。

解説 ▶ 疑問詞で始まる疑問文。⇒リスニングの解法 ルール 11
ケーブルカーの運賃を聞いています。
値段を聞かれているのに対して、(A) は時間を答えているので不正解。
(B) は何曜日か答えているので間違いです。
(C) が値段を答えているため、正解となります。

Vocabulary ▶ □ ride cost 名 運賃

---

2 正解 ▶ (A)

スクリプト ▶ Are you visiting France or Germany this year?

(A) I haven't decided yet.
(B) He isn't French.
(C) In July.

日本語訳 ▶ あなたは、今年フランスかドイツを訪問しますか？
(A) まだ決めていません。
(B) 彼はフランス人でありません。
(C) 7 月です。

解説 ▶ A か B かどちら？ と聞かれる選択疑問文。⇒リスニングの解法 ルール 19
一般疑問文の形をとり、A か B かどちらかを選ぶ問題です。
フランスかドイツ、どちらかに行きますかと聞いているのに対し、「まだ決めていません。」と答えている (A) が正解です。どちらかを答えているわけではないですが、最も自然な応答として正解になるパターンの一つです。
⇒リスニングの解法 ルール 20
設問の France は「フランス」という国の名前を指し、(B) の French は「フランス人」の意味です。発音だけを聞いて、似ている音を含むからという理由で何となくマークしないようにしましょう。⇒リスニングの解法 ルール 21
(C) は「7 月です」と時期を答えていますが、設問に応答していません。

Unit 3 Sightseeing / Travel

Part 2 応答問題

Vocabulary ▶ ☐ decide 他 決心する、決める

---

3 正解 ▶ **(B)**

スクリプト ▶ **How about booking a hotel by the river?**

(A) By boat.
(B) Sounds good to me.
(C) At the library.

日本語訳 ▶ **川辺のホテルを予約するのはどうですか?**
(A) ボートで、です。
(B) いいですね。
(C) 図書館で、です。

解 説 ▶ 提案 / 依頼 / 勧誘の表現パターン。⇒リスニングの解法 ルール15
How about ~ ? で、「~するのはいかがですか?」という提案を表しています。設問に river とありますが、「川辺の」ホテルだと言っているだけなので、「ボートで」と答えている (A) は不正解。
「予約するのはどうですか?」に対して「いいですね。」と答えている、(B) が正解です。
設問の book は「予約する」という意味の動詞です。「本」という名詞の意味だと勘違いすると (C) の「図書館で」と誤答することになります。

Vocabulary ▶ ☐ book 他 予約する
☐ sound 自 (~のように) 聞こえる、思われる

4 正解 ▶ (B)

スクリプト ▶ **Your flight departs from Gate 14.**

(A) The sales department.
(B) Thanks. I'll go there.
(C) A new ticket.

日本語訳 ▶ **飛行機は、14番ゲートから出発します。**
(A) 販売部門です。
(B) ありがとう。そこに行きます。
(C) 新しいチケットです。

解説 ▶ 平叙文に答える問題。⇒リスニングの解法 ルール22
設問は疑問文ではありません。飛行機が出発するゲートを伝えています。
設問の depart は「出発する」という意味の動詞ですが、(A) は department「部門」の意味の名詞として使っていることで、誤答を誘っています。
(B) は教えてくれたことについてお礼を述べているので正解です。
(C)「新しいチケットです。」では会話が成立しないので間違いとなります。

Vocabulary ▶
☐ flight 名 定期航空便
☐ depart 自 出発する
☐ department 名 部門

It can be done!

できる!

Unit 3 Sightseeing / Travel

Part 3 会話文問題

CD-24

Directions

You will hear a conversation between two or more people. You will be asked to answer three questions about what the speakers say in the conversation. Select the best response to each question and mark the letter (A), (B), (C), or (D) on your answer sheet. The conversation will not be printed in your test book and will be spoken only one time.

1
Who is the man?
- (A) A tour guide
- (B) A ticket seller
- (C) A biologist
- (D) A journalist

Ⓐ Ⓑ Ⓒ Ⓓ

2
What does the man say will happen today?
- (A) A zone will be closed.
- (B) The entry fee is reduced.
- (C) A survey will be conducted.
- (D) The park will stay open later.

Ⓐ Ⓑ Ⓒ Ⓓ

3
What does the woman request?
- (A) A map
- (B) An apology
- (C) A reduction
- (D) An interview

Ⓐ Ⓑ Ⓒ Ⓓ

Sightseeing / Travel Part 3

Unit 3

観光は娯楽の一つです。観光地、美術館、工場見学などの会話が比較的アップテンポで交わされることもあるので、慣れておきましょう。

Questions 1 through 3 refer to the following conversation.

スクリプト

M. Hi, welcome to Animal World. Is this your first visit?
W. Believe it or not, it is. I actually just live around the corner.
M. In that case, here is a map that shows you the various zones in the park to help you find your way around. ② **Today we start our summer opening hours so the park will stay open an hour longer than usual and close at 8:00 P.M.**
W. Thanks. ① **I'd like three tickets** ③ **with the discount on admission offered to local residents, please.**

日本語訳

問題1から3は、次の会話に関するものです。

M. こんにちは、アニマルワールドへようこそ。こちらへは初めての訪問ですか。
W. まさかと思うでしょうけど、そうです。実は、私はちょうどあの角を曲がったところに住んでいます。
M. それでしたら、行き先を探すのを助けてくれる、公園内の色々なゾーンを示す地図がここにあります。今日から夏季営業時間が始まりますので、公園はいつもより1時間長く開いていて、午後8時に閉まります。
W. ありがとうございます。地元の住民に提供されている、入場料が割引のチケットを3枚ほしいので、お願いします。

Vocabulary

☐ believe it or not 　信じないかもしれないが、信じようと信じまいと
☐ in that case 　もしそうなら
☐ stay 　自（〜の状態に）とどまる、（〜の）ままでいる
☐ admission 　名 入場料、入場、入学
☐ offer 　他 提供する、申し出る、差し出す
☐ resident 　名 居住者、在住者、（ホテルなどの）泊まり客

Unit 3 Sightseeing / Travel

Part 3 会話文問題

1 ▶ 正解 ▶ **(B)**

スクリプト ▶ **Who is the man?**
　　　　　　→男性について聞かれている。

(A) A tour guide
(B) A ticket seller
　→ I'd like three tickets ～. という文が聞こえる最後まで、正解を決めつけないように。
(C) A biologist
(D) A journalist

日本語訳 ▶ **男性は誰ですか?**
(A) ツアーガイド
(B) チケット販売員
(C) 生物学者
(D) ジャーナリスト

解説 ▶ 男性は誰かについて聞かれています。通常、3つのうち1問目の問題の答えは会話の最初のほうを聞くとわかることが多いですが、ここでは女性の後半の発言の2文目 I'd like three tickets(チケットを3枚ほしい)から、女性が男性からチケットを買おうとしていると判断でき、正解が(B) A ticket seller であるとわかります。⇒リスニングの解法　ルール28

Vocabulary ▶ □ seller 名 売り手、販売人
　　　　　　□ biologist 名 生物学者

---

2 ▶ 正解 ▶ **(D)**

スクリプト ▶ **What does the man say will happen today?**
　　　　　　→設問の先読みで、男性の今日に関する発言について聞かれるとわかる。

(A) A zone will be closed.
(B) The entry fee is reduced.
(C) A survey will be conducted.
(D) The park will stay open later.
　→ stay open an hour longer than usual の言い換え。

日本語訳 ▶ **男性は、今日、何があると言っていますか?**
(A) ゾーンが閉められます。
(B) 入場料が下げられます。

Sightseeing / Travel　Part 3

(C) 調査が行われます。
(D) 公園は遅くまで開いています。

解説 ▶ 今日起こることについて男性が何と言ったか聞かれています。設問を先に読むことで、男性の発言に注目するべきだとあらかじめわかります。⇒**リスニングの解法ルール 24**　男性の後半の発言の２文目、Today we start our summer opening hours so the park will stay open an hour longer than usual and close at 8:00 P.M.（今日から夏季営業時間が始まりますので、公園はいつもより１時間長く開いていて、午後８時に閉まります。）から、今日から営業時間が延びることがわかります。正解はこれを言い換えた (D) The park will stay open later. となります。

Vocabulary ▶ ☐ entry fee　入場料
☐ reduce　他 減らす、下げる、縮小する
☐ survey　名 調査、査定、概観、測量
☐ conduct　他 行う

----

③ 正解 ▶ **(C)**

スクリプト ▶ **What does the woman request?**
→本文では I'd like 〜とお願いしている。

(A) A map
(B) An apology
(C) A reduction
　→ discount の言い換え。
(D) An interview

日本語訳 ▶ **女性は何をお願いしていますか？**
(A) 地図
(B) 謝罪
(C) 割引
(D) インタビュー

解説 ▶ 女性が男性にお願いしていることは、女性の後半の発言、I'd like three tickets のあとに、with the discount on admission offered to local residents, please.（地元の住民に提供されている、入場料が割引の）と続いていることから、「ディスカウント」を言い換えた (C) A reduction が正解だとわかります。

Vocabulary ▶ ☐ apology　名 謝罪、詫び
☐ reduction　名 縮小、削減、割引、下落

83

Unit 3 Sightseeing / Travel

Part 4 説明文問題

(1回目) (2回目)

CD-25

Directions

You will hear a talk given by a single speaker. You will be asked to answer three questions about what the speaker says in the talk. Select the best response to each question and mark the letter (A), (B), (C), or (D) on your answer sheet. The talk will not be printed in your test book and will be spoken only one time.

1 Who is the speaker?
(A) A marketing executive
(B) A tour guide
(C) A product developer
(D) A salesperson

Ⓐ Ⓑ Ⓒ Ⓓ

2 What does the speaker say about the bottling area?
(A) It was recently automated.
(B) It was built last year.
(C) It is the largest in the country.
(D) It is currently being inspected.

Ⓐ Ⓑ Ⓒ Ⓓ

3 What does the speaker say about Indigo Star?
(A) Its ingredients are a secret.
(B) It is the most popular flavor.
(C) Its taste is very sweet.
(D) It is the latest product release.

Ⓐ Ⓑ Ⓒ Ⓓ

Sightseeing / Travel **Part 4**

Unit 3

> ツアーガイドの説明は観光、旅行のトピックでは頻出問題です。ガイドの自己紹介に始まり、目的地の説明、注意事項、休憩についての内容が話されます。

Questions 1 through 3 refer to the following talk.

スクリプト ▶ Hello everybody. My name is Kirsty Watson and ① **I'll be showing you around** the plant today. We've been producing soft drinks for over three decades. ① **We will begin our tour** here at ② **the bottling area which last year became fully automated**. This enables us to bottle twice as many drinks per day as before. After that, we will visit our sales and marketing department where you will learn about how we advertise our products. Finally, you'll have half an hour ③ **to sample as many of our popular soft drinks as you like, including our newest flavor, Indigo Star**. So, ① **let's begin our tour**.

日本語訳 ▶ 問題 1 から 3 は、次の話に関するものです。

皆さん、こんにちは。私の名前はカースティ・ワトソンです。本日皆さんに工場を案内いたします。我が社は、30 年以上に渡って清涼飲料を生産しています。昨年に完全自動化された、このビン詰めエリアからツアーを開始します。ここでは、かつての 2 倍の量の飲料をビン詰めすることができます。そのあと、どのように弊社製品を広告しているかについて学ぶ、営業・マーケティング部署にまいります。最後に、皆さんには 30 分間、我々の最新商品「インディゴ・スター」を含め、お好きなだけ人気の清涼飲料の味見をしていただきます。それではツアーを始めましょう。

Vocabulary ▶
- ☐ plant 名 植物、工場、施設、設備
- ☐ decade 名 10 年間
- ☐ bottle 他 ビン詰にする、ビンに入れる
- ☐ automate 他 〜を自動化する
- ☐ enable 他 (〜することが) できるようにする、(〜を) 可能にする
- ☐ per 前 〜ごとに
- ☐ sales and marketing department 名 営業・マーケティング部
- ☐ advertise 他 広告する
- ☐ sample 他 味見をする、質を試す
- ☐ including 前 〜を含めて

Unit 3 **Sightseeing / Travel**

Part 4　説明文問題

1 ■■■ 正解 ▶ **(B)**

スクリプト ▶ **Who is the speaker?**
　　　　→典型的な質問の一つ。

(A) A marketing executive
(B) A tour guide
　　→ I'll be showing you ～
　　→ We will begin our tour
　　[→ let's begin our tour] から判断。

(C) A product developer
(D) A salesperson

日本語訳 ▶ **話し手は誰ですか？**
(A) マーケティング役員
(B) ツアーガイド
(C) 製品開発者
(D) 販売員

解　説 ▶ 話し手が誰かというのは Part 4 の 1 問目の典型的な問題の一つです。
⇒リスニングの解法 ルール29
冒頭であいさつをし、自己紹介のあと、I'll be showing you around ～（本日皆さんに工場を案内いたします。）と言っていることから、話し手は案内をする人だとわかります。4文目には We will begin our tour（ツアーを開始します。）とあり、話し手はツアーを導く人物だとわかるので、正解は (B) A tour guide です。もし、それらを聞き逃しても、最後の文で let's begin our tour.（ツアーを始めましょう。）と言っていることからも正解が (B) だとわかります。

Vocabulary ▶ □ executive 名 役員、管理職、経営者、重役
□ developer 名 開発者　□ salesperson 名 販売員

---

2 ■■■ 正解 ▶ **(A)**

スクリプト ▶ **What does the speaker say about the bottling area?**
　　　　　　　　　　　　　　　　　　　→この単語に注意。
(A) It was recently automated.
　　→ last year fully automated から判断。
(B) It was built last year.
(C) It is the largest in the country.
(D) It is currently being inspected.

Sightseeing / Travel　Part 4

Unit 3

日本語訳 ▶ **話し手は、ビン詰めエリアについて何と言っていますか？**
(A) 最近自動化された。
(B) 昨年造られた。
(C) 国内最大である。
(D) 現在検査中である。

解説 ▶ ビン詰めのエリアについて話し手が何と言っているのか聞かれています。4文目の後半 the bottling area which last year became fully automated.（昨年に完全自動化された、このビン詰めエリア）から、ビン詰めのエリアは最近、完全自動化されたとわかります。したがって (A) It was recently automated. が正解です。

Vocabulary ▶ □ bottling　名 ビン詰め
□ automate　他自 全自動化する
□ currently　副 現在は、今のところ
□ inspect　他 検査する、詳しく調べる

---

3 ■■■ **正解** ▶ **(D)**

スクリプト ▶ **What does the speaker say about Indigo Star?**
→固有名詞に注意。
(A) Its ingredients are a secret.
(B) It is the most popular flavor.
(C) Its taste is very sweet.
(D) It is the latest product release.
→ newest flavor の言い換え。

日本語訳 ▶ **話し手は、インディゴ・スターについて何と言っていますか？**
(A) その成分は秘密です。
(B) 最も人気のある味です。
(C) その味はとても甘いです。
(D) 新発売の製品です。

解説 ▶ 設問を先に読んでおき、固有名詞が設問にある場合は、その固有名詞が聞こえるまで辛抱強く待ちましょう。⇒リスニングの解法 ルール24　Indigo Star の音は7文目に出てきます。to sample as many of our popular soft drinks as you like, including our newest flavor, Indigo Star.（我々の最新商品「インディゴ・スター」を含め、お好きなだけ人気の清涼飲料の味見をしていただきます。）から、インディゴ・スターは最新のフレーバーだと言っているため、正解は (D) It is the latest product release. です。

Vocabulary ▶ □ ingredient　名 成分、原料、（料理の）材料
□ release　他 （新製品などを）発売する、自由にする、放つ、離す

Unit 4 Office Technology

Part 1 写真描写問題

(1回目) (2回目)

TOEIC 全体で最も基本となるのはオフィスの場面です。特にリスニングセクションではコンピューターやプリンターなどの事務用機器を使う状況が頻出です。

CD-26

Directions

For each question in this part, you will hear four statements about a picture in your test book. When you hear the statements, you must select the one statement that best describes what you see in the picture. Then find the number of the question on your answer sheet and mark your answer. The statements will not be printed in your test book and will be spoken only one time.

1.

Ⓐ Ⓑ Ⓒ Ⓓ

2.

Ⓐ Ⓑ Ⓒ Ⓓ

Office Technology　Part 1

Unit 4

1 正解 ▶ **(A)**

スクリプト ▶ **(A) Some people are looking at a monitor.**
(B) Some people are standing in a line.
(C) Some people are sipping water.
(D) Some people are leaving a building.

日本語訳 ▶ **(A) 何人かの人々が、モニターを見ています。**
(B) 何人かの人々が、一列に並んでいます。
(C) 何人かの人々が、水を飲んでいます。
(D) 何人かの人々が、建物を出ています。

解説 ▶ 複数人物の写真。
どの選択肢も最初の3語は Some people are で統一されています。⇒リスニングの解法 ルール2　何人かの人々がコンピューターのモニターを見ている様子なので (A) が正解です。彼らは列を作って並んでいるわけではないので、(B) は間違い。ペットボトルがあるのが見えますが、写真の中の誰も水を飲んでいませんので、(C) も間違いです。⇒リスニングの解法　ルール6
彼らは建物を立ち去る様子ではないので (D) も不正解です。

Vocabulary ▶
□ monitor 名 モニター　　□ in a line 一列に
□ sip 他 少しずつ飲む、ちびりちびり飲む

---

2 正解 ▶ **(B)**

スクリプト ▶ (A) A woman's making some coffee.
(B) She's operating a machine.
(C) The document is being filed.
(D) She's holding a piece of paper.

日本語訳 ▶ (A) 女性はコーヒーを作っています。
(B) 彼女は機械を操作しています。
(C) 文書はファイルされています。
(D) 彼女は1枚の紙を持っています。

解説 ▶ 人物写真で1人にフォーカス。⇒リスニングの解法 ルール1, 2
女性はコーヒーを作っていませんが coffee が copy に聞こえると、「女性はコピーをしています」と考え、誤答してしまう可能性があります。(A) は間違いです。
⇒リスニングの解法　ルール21　彼女は機械を操作しているので (B) が正解です。書類のようなものが見られますが、ファイルに入れている様子ではないので (C) は不正解。彼女はコピー機上の紙に手を触れていないので (D) も不正解となります。

Vocabulary ▶
□ operate 他 運転する、操縦する　　□ file 他 ファイルする、とじ込む
□ hold 他 〜を持っている　　　　　　□ a piece of 〜 1枚の

Unit 4　Office Technology

Part 2　応答問題

(1回目)　(2回目)

会社での状況、行動、動作が出題されます。Part 1 同様、事務機器を使ったり、会議、発表などをしている場面が多く出ます。

CD-27

Directions

You will hear a question or statement and three responses spoken in English. They will not be printed in your test book and will be spoken only one time. Select the best response to the question or statement and mark the letter (A), (B), or (C) on your answer sheet.

1 Mark your answer on your answer sheet.　Ⓐ Ⓑ Ⓒ

2 Mark your answer on your answer sheet.　Ⓐ Ⓑ Ⓒ

3 Mark your answer on your answer sheet.　Ⓐ Ⓑ Ⓒ

4 Mark your answer on your answer sheet.　Ⓐ Ⓑ Ⓒ

Office Technology　Part 2

Unit 4

1 ▸ 正解 ▸ **(C)**

スクリプト ▸ **Who is in charge of ordering copy paper?**

　　(A) Two coffees, please.
　　(B) The newspaper.
　　(C) Mr. Johnson is.

日本語訳 ▸ **誰がコピー用紙の注文を担当していますか？**
　　(A) コーヒーを2杯ください。
　　(B) 新聞です。
　　(C) ジョンソンさんです。

解説 ▸ **疑問詞で始まる疑問文。** ⇒リスニングの解法 ルール 11
コピー用紙の注文をするのは誰の担当か聞いています。
「誰か」を聞かれているのに対して、(A) はコーヒーの数を答えているので不正解。
(B) は設問の paper と同じ音（news）paper で終わるため、耳に残りやすく、音だけに反応していると間違える可能性があります。⇒リスニングの解法 ルール 21
(C) が人物名を答えていて、話の流れに沿っているので正解です。

Vocabulary ▸ 　□ in charge of　〜の担当、〜担当の、担当して
　　□ copy paper　名 コピー用紙

---

2 ▸ 正解 ▸ **(B)**

スクリプト ▸ **The projector is broken.**

　　(A) A new project.
　　(B) I'll try to fix it.
　　(C) She's always on time.

日本語訳 ▸ **そのプロジェクターは壊れています。**
　　(A) 新しいプロジェクトです。
　　(B) 私がそれを直しましょう。
　　(C) 彼女は、いつも時間通りです。

解説 ▸ **平叙文に答える問題。** ⇒リスニングの解法 ルール 22
「そのプロジェクターは壊れています。」と疑問文の形をとらずに相手に伝えています。(A) は不正解。設問の projector は「映写機」ですが、project は「計画」の意味です。
壊れたプロジェクターを直そうと提案している (B) が正解です。
(C) は「彼女」が指す人物がわからず、会話も自然に流れていないので不正解です。

Unit 4 Office Technology

Part 2 応答問題

Vocabulary ▶
- ☐ fix 他 修理する、直す、固定する、取り付ける
- ☐ on time 時間通りに、定刻に

---

3 ■■■ 正解 ▶ **(A)**

スクリプト ▶ **Why don't we turn on the air conditioning?**

(A) It's already on.
(B) Turn down the volume.
(C) Because it's long.

日本語訳 ▶ **エアコンをつけましょうか？**
(A) すでに入ってます。
(B) ボリュームを下げてください。
(C) なぜならそれが長いので。

解説 ▶ 提案 / 依頼 / 勧誘の表現のパターン。
Why don't we ～？ で、「～しましょうか？」と、提案を表しています。「エアコンをつけませんか？」と語りかけている人物は現在の部屋の温度を不満に思っていることが想像できます。
(A) は「すでに（エアコンのスイッチが）入っています」と答えているので正解です。⇒リスニングの解法　ルール 15
(B) は間違い。設問の turn on は「（電源を）入れる」の意味ですが、(B) の turn (down) はボリュームを下げるという意味で使っています。
(C) は because で始まっていて一見選んでしまいそうですが、長さについて答えていて、設問とは無関係です。⇒リスニングの解法　ルール 16

Vocabulary ▶
- ☐ turn on 栓をひねって出す、つける、オンにする
- ☐ turn down 折りたたむ、音を小さくする

4 ■■■ 正解 ▶ **(A)**

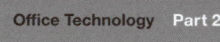

スクリプト ▶ **Will you meet the client at his office or will he come here?**

(A) Actually, he canceled the meeting.
(B) I applied for the office manager position.
(C) Yes, the office does need cleaning.

日本語訳 ▶ **そのクライアントのオフィスで彼に会いますか、それとも、彼はここに来ますか？**
(A) 実は、彼は会議をキャンセルしました。
(B) 私は、オフィス・マネージャー職に応募しました。
(C) はい、そのオフィスはまさに掃除が必要です。

解説 ▶ **A か B かどちら？ と聞かれる選択疑問文。**
クライアントのオフィスで会うか、クライアントがこちらに来るか、聞いています。
(A) は、「彼は会議をキャンセルしました。」と言うことにより、A も B もどちらも選ばないパターンが正解になっています。最も会話が自然に流れているので (A) が正解になります。⇒**リスニングの解法 ルール 20**
(B) は不正解。設問の office と同じ語が使われていますが、ひっかからないように注意しましょう。
(C) も設問と同じ office が主語として使われていますが、オフィスに掃除が必要かどうかは設問と無関係なので不正解です。

Vocabulary ▶ □ apply for　申し込む、応じる、出願する
□ manager position　名 管理職

Believe in yourself!

自分自身を信じましょう！

Unit 4 **Office Technology**

Part 3 会話文問題

CD-28

Directions

You will hear a conversation between two or more people. You will be asked to answer three questions about what the speakers say in the conversation. Select the best response to each question and mark the letter (A), (B), (C), or (D) on your answer sheet. The conversation will not be printed in your test book and will be spoken only one time.

1 What are the speakers mainly discussing?
- (A) A broken computer
- (B) A new rule
- (C) A server update
- (D) An internal memo

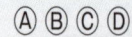

2 What does the man say will happen later today?
- (A) A Web site will be updated.
- (B) A client will visit an office.
- (C) A memo will be sent out.
- (D) A service will resume.

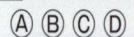

3 Why did the woman miss the announcement?
- (A) She was at a conference.
- (B) She was on vacation.
- (C) She was at the dentist.
- (D) She was off sick.

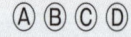

Office Technology　Part 3

Unit 4

パソコンやインターネット、接続状況などに関する会話はあまり専門的な内容ではなく、オフィス内で話される程度の会話が出題されます。落ち着いて聞き、状況をつかみましょう。

Questions 1 through 3 refer to the following conversation.

スクリプト ▶
W. Tom, I'm trying to view the company Web site but I'm just seeing a blank screen. Is your computer working?
M. Didn't you know? ① **The Internet is disconnected** this afternoon throughout the building ① **because the servers are being updated.** ② **We will be back online later today.**
W. The memo I received last week said that that was happening tomorrow, not today.
M. Actually, they announced yesterday ① **that the update was being brought forward** to today. ③ **I guess as you were at the marketing conference yesterday, you missed the announcement.**

日本語訳 ▶
問題1から3は、次の会話に関するものです。

W. トム、私は会社のウェブサイトを見ようとしていますが、何も映ってない画面しか出てきません。あなたのコンピュータはちゃんと動いていますか？
M. 知らなかったのですか？ サーバーがアップデートされているので、今日の午後いっぱいは全館でインターネットが切れています。今日の遅くにオンラインに戻りますよ。
W. 私が先週受け取ったメモには、アップデートは今日ではなく、明日行われると書いてありました。
M. 実は、彼らは、アップデートが今日に早められることを昨日知らせてきました。あなたは、昨日マーケティング会議に出ていたので、その知らせを聞き漏らしたのだと思います。

Vocabulary ▶
- □ view　他 見る、眺める
- □ blank　形 空白の
- □ disconnect　他 接続を断つ、電話を切る
- □ throughout　前 ～の隅から隅まで
- □ update　他 最新のものにする、最新式にする
- □ announce　他 発表する、告知する、知らせる
- □ bring forward　(日取り・時間を) 繰り上げる、提出する
- □ conference　名 会議

Unit 4　**Office Technology**

Part 3　会話文問題

1 正解 ▶ **(C)**

スクリプト ▶ <u>What are the speakers mainly discussing</u>?
　　　　　　　　　　　　　　　　　└→主な会話の内容について聞かれている。

(A) A broken computer
(B) A new rule
(C) A server update
　　→ the servers are being updated から判断。
(D) An internal memo

日本語訳 ▶ 話し手は、主に何について話をしていますか？
(A) 壊れたコンピューター
(B) 新しい規則
(C) サーバーのアップデート
(D) 内部のメモ

解説 ▶ 主に会話で話されていることについて聞かれています。女性が最初の発言で会社のホームページを見ることができないことを話しています。それを受けて男性が The Internet is disconnected this afternoon throughout the building because the servers are being updated.（サーバーがアップデートされているので、今日の午後いっぱいは全館でインターネットが切れています。）と、サーバーのアップデートが理由だと言っているのでそれが主な内容です。正解は (C) A server update となります。

Vocabulary ▶ ☐ mainly　副 主に、主として
　　　　　　　☐ internal　形 内部の

---

2 正解 ▶ **(D)**

スクリプト ▶ What does the man say will happen later today?
　　　　　　　　　　　　→男性の発言に注目。

(A) A Web site will be updated.
(B) A client will visit an office.
(C) A memo will be sent out.
(D) A service will resume.
　　→ will be back online の言い換え。

日本語訳 ▶ 男性は、今日遅くに何が起こると言っていますか？
(A) ウェブサイトは更新される。

(B) クライアントが、オフィスを訪問する。
(C) メモは出される。
(D) サービスが再開する。

解説 ▶ 今日、このあと起こることについて男性が何と言っているか聞かれています。男性は最初の発言の3文目に We will be back online later today.（今日の遅くにオンラインに戻りますよ。）と、今日の遅くにインターネットが復帰することを言っています。したがって「サービスが再開する」の意味の (D) A service will resume. が正解です。

Vocabulary ▶ □ send out　発送する、送り出す、発信する
□ resume　他 再び始める、また（〜し）始める

---

3 ▮▮▮ **正解** ▶ **(A)**

スクリプト ▶ Why did the woman miss the announcement?
→設問の先読みで、女性が何か情報を逃したことがわかる。

(A) She was at a conference.
　→ you were at the marketing conference から判断。
(B) She was on vacation.
(C) She was at the dentist.
(D) She was off sick.

日本語訳 ▶ 女性はなぜその知らせを聞き漏らしましたか？
(A) 彼女は会議に出ていたので。
(B) 彼女は休暇だったので。
(C) 彼女は歯医者にいたので。
(D) 彼女は病欠だったので。

解説 ▶ 設問を先に読むことで、音声を聞かなくても、女性が何かの情報を逃していることがあらかじめわかります。⇒リスニングの解法　ルール24
男性の後半の発言の2文目、I guess as you were at the marketing conference yesterday, you missed the announcement.（あなたは、昨日マーケティング会議に出ていたので、その知らせを聞き漏らしたのだと思います。）より、女性が情報を逃した理由はマーケティング会議に出ていたからだとわかります。正解は (A) She was at a conference. です。

Vocabulary ▶ □ on vacation　休暇
□ off sick　病欠の

Unit 4 Office Technology

Part 4 説明文問題

CD-29

Directions

You will hear a talk given by a single speaker. You will be asked to answer three questions about what the speaker says in the talk. Select the best response to each question and mark the letter (A), (B), (C), or (D) on your answer sheet. The talk will not be printed in your test book and will be spoken only one time.

1. What is the purpose of the announcement?
(A) To recognize employee performance
(B) To request ideas for a prize
(C) To inform staff of a decision
(D) To deny a newspaper report

Ⓐ Ⓑ Ⓒ Ⓓ

2. What does the speaker ask listeners to do?
(A) Keep a secret
(B) Attend a media event
(C) Recommend a coworker
(D) Conduct market research

Ⓐ Ⓑ Ⓒ Ⓓ

3. What does the speaker say about Ventech?
(A) It is the market leader.
(B) It is the name used by customers.
(C) It will merge with another firm.
(D) It employs over 500 staff.

Ⓐ Ⓑ Ⓒ Ⓓ

Office Technology　Part 4

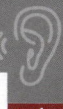

Unit 4

社内でのアナウンスは話し手のあいさつから始まり、日時や目的、従業員への指示と続きます。社内での取り決めやイベント、改修工事などが話題となります。

Questions 1 through 3 refer to the following excerpt from a meeting.

スクリプト ▶　Welcome to this month's management meeting. As heads of department, ① **you are the first to hear that our company will change its name** as of next week from ③ **Venture Technology to Ventech. Market research has shown that this is the nickname customers have already given our firm**, so it makes sense for us to make it our new official name. ① **We will hold a press conference later** today where the new name and logo will be officially announced. ② **Please keep the news to yourself for now and do not share it outside this room**, so that the announcement will be a nice surprise to everyone.

日本語訳 ▶　問題 1 から 3 は、次の会議の一部に関するものです。

　　　　　　今月の経営会議にようこそ。部長として、皆さんが、我が社が来週からその名称を Venture Technology から Ventech に変更することを知らせる最初の社員です。市場調査では、これがお客様が我が社にすでに付けているあだ名であることを示しているので、これを我々の新しい正式名称にすることはもっともなことです。本日このあとに、新しい名称とロゴを正式に発表する記者会見を開きます。今のところ、このニュースは皆さんの中だけに留めておいていただき、この部屋の外では共有しないでください。そうすればこの発表が人々に素晴らしい驚きとなるでしょう。

Vocabulary ▶
- □ heads of ~　~長
- □ as of　（何月何日）現在で
- □ firm　名 会社
- □ make sense　意味を成す、道理にかなう
- □ press conference　名 記者会見
- □ officially　副 正式に、公式に
- □ share　他 分け合う、分配する、共有する

Unit 4　Office Technology

Part 4　説明文問題

1　正解▶ (C)

スクリプト▶ What is <u>the purpose</u> of the announcement?
　　　　　　　→目的を聞いている。
(A) To recognize employee performance
(B) To request ideas for a prize
(C) To inform staff of a decision
　　→ our company will change its name
　　→ we will hold a press conference later から判断。
(D) To deny a newspaper report

日本語訳▶ この発表の目的は何ですか？
(A) 従業員の成績を評価すること
(B) 賞についてのアイディアを募ること
(C) スタッフに決定を知らせること
(D) 新聞報道を否定すること

解説▶ 発表の目的を聞かれています。冒頭で「経営会議にようこそ」とあいさつしたあとで、2文目に you are the first to hear that our company will change its name（皆さんが、我が社の名称を変更することを知らせる最初の社員です）と、社名変更について発表することを伝えています。4文目には We will hold a press conference later（このあとに記者会見を開きます）とあり、これが社外に発表する前の会議だとわかります。したがって (C) To inform staff of a decision が正解です。

Vocabulary▶
□ recognize　他 認める、評価する、表彰する
□ performance（名）成績、実績
□ prize　名 賞、商品、賞金
□ inform of ～　～を知らせる
□ decision　名 決定、決断、決心
□ deny　他 否定する

2　正解▶ (A)

スクリプト▶ What does the speaker <u>ask listeners to do</u>?
　　　　　　　　　　　　　　→話し手が何かを聞き手に求めていることがわかる。
(A) Keep a secret
　　→ Please keep the news to yourself の言い換え。
(B) Attend a media event
(C) Recommend a coworker
(D) Conduct market research

Office Technology　Part 4

日本語訳 ▶ 話し手は、聞き手に何をするよう頼んでいますか？
(A) 秘密を守ること
(B) マスコミ行事に出席すること
(C) 同僚に勧めること
(D) 市場調査を行うこと

解説 ▶ 話し手が聞き手に求めていることは5文目のPlease以降に集中するとわかります。最後まで集中して聞きましょう。⇒リスニングの解法　ルール28
Please keep the news to yourself for now and do not share it outside this room（今のところ、このニュースは皆さんの中だけに留めておいていただき、この部屋の外では共有しないでください。）、つまり「ニュースを皆さんの中で留めておいてください」とあるので、これを「秘密を守る」の表現に言い換えた(A) Keep a secret が正解となります。

Vocabulary ▶ ☐ recommend　他 推薦する、推奨する、勧める
☐ coworker　名 同僚　　☐ conduct　他 指揮する、処理する、行う

---

3 ■■■ **正解** ▶ **(B)**

スクリプト ▶ **What does the speaker say about Ventech?**
　　　　　　　　　　　　　　　　　　　→固有名詞注意。
(A) It is the market leader.
(B) It is the name used by customers.
　→this is the nickname cutomers have already given our firm から判断。
(C) It will merge with another firm.
(D) It employs over 500 staff.

日本語訳 ▶ 話し手は、Ventechについて何と言っていますか？
(A) マーケット・リーダーです。
(B) お客様によって使われる名称です。
(C) もう一つの会社と合併します。
(D) 500人以上のスタッフを雇用しています。

解説 ▶ 設問の中に固有名詞があったら、その固有名詞が英文の中で流れてくるのを待ちましょう。⇒リスニングの解法　ルール24
Ventechの語は2文目の最後に出てきます。~ Venture Technology to Ventech.（Venture TechnologyからVentechに）から続く3文目にMarket research has shown that this is the nickname customers have already given our firm ~（市場調査では、これがお客様が我が社にすでに付けているあだ名であることを示している）とあり、この語が顧客から与えられたニックネームだと言っているので正解は(B) It is the name used by customers. です。

Vocabulary ▶ ☐ merge　他 併合する、合併する、溶け込ませる

Unit 5 Personnel / Training / Employment

Part 1 写真描写問題

社員が複数集まって何かをしている写真は主語と動詞の両方に集中しましょう。→リスニングの解法　ルール5

CD-30

Directions

For each question in this part, you will hear four statements about a picture in your test book. When you hear the statements, you must select the one statement that best describes what you see in the picture. Then find the number of the question on your answer sheet and mark your answer. The statements will not be printed in your test book and will be spoken only one time.

1.

Ⓐ Ⓑ Ⓒ Ⓓ

2.

Ⓐ Ⓑ Ⓒ Ⓓ

Personnel / Training / Employment　Part 1

1　正解　(B)

スクリプト
(A) One woman is carrying a computer.
(B) Some items have been placed on a table.
(C) The table is covered with a tablecloth.
(D) The people are all facing the same direction.

日本語訳
(A) 1人の女性は、コンピューターを持っています。
(B) いくつかのものが、テーブルに置かれています。
(C) テーブルには、テーブルクロスがかけられています。
(D) 人々は全員、同じ方向を向いています。

解説
複数人物の写真。⇒リスニングの解法 ルール 5
「コンピューター」がいくつかテーブルの上にありますが、女性が持ち運んでいる様子は見られないので、(A) は間違いです。⇒リスニングの解法 ルール 6
コンピュータや書類などいくつかのものがテーブルの上に見られるので、(B) が正解。
(C) はテーブルには何もかけられていませんので、不正解。
人々はテーブルを囲んでいて、「同じ方向」を向いているわけではないので、(D) も不正解です。

Vocabulary
☐ place　他 置く、据える　　☐ cover with ～　他 ～で覆う、隠す、包む
☐ face　他 (～に) 向く、顔を向ける

2　正解　(D)

スクリプト
(A) Both of the men are facing away from the board.
(B) One of the men is taller than the other.
(C) Both of the men are wearing watches.
(D) One of the men is writing on the board.

日本語訳
(A) 両方の男性は、ボードと違う方向を向いています。
(B) 男性の1人は、もう1人の男性より背が高いです。
(C) 両方の男性は、腕時計をしています。
(D) 男性の1人は、ボードの上に書いています。

解説
複数人物の写真。⇒リスニングの解法 ルール 5
男性は2人とも、ボードのほうを向いているので、(A) は不正解。
⇒リスニングの解法 ルール 6
2人の男性はどちらも同じくらいの背の高さに見えるので、(B) も不正解。向かって左側の男性は腕時計をしていませんので (C) も不正解。2人のうち、向かって右の男性がボードに何かを書いているので (D) が正解となります。

Vocabulary
☐ face away　そっぽを向く

Unit 5　Personnel / Training / Employment

Part 2　応答問題

社内人事や、雇用情報、給料に関することはオフィスの中でも特に日常的に交わされる会話です。

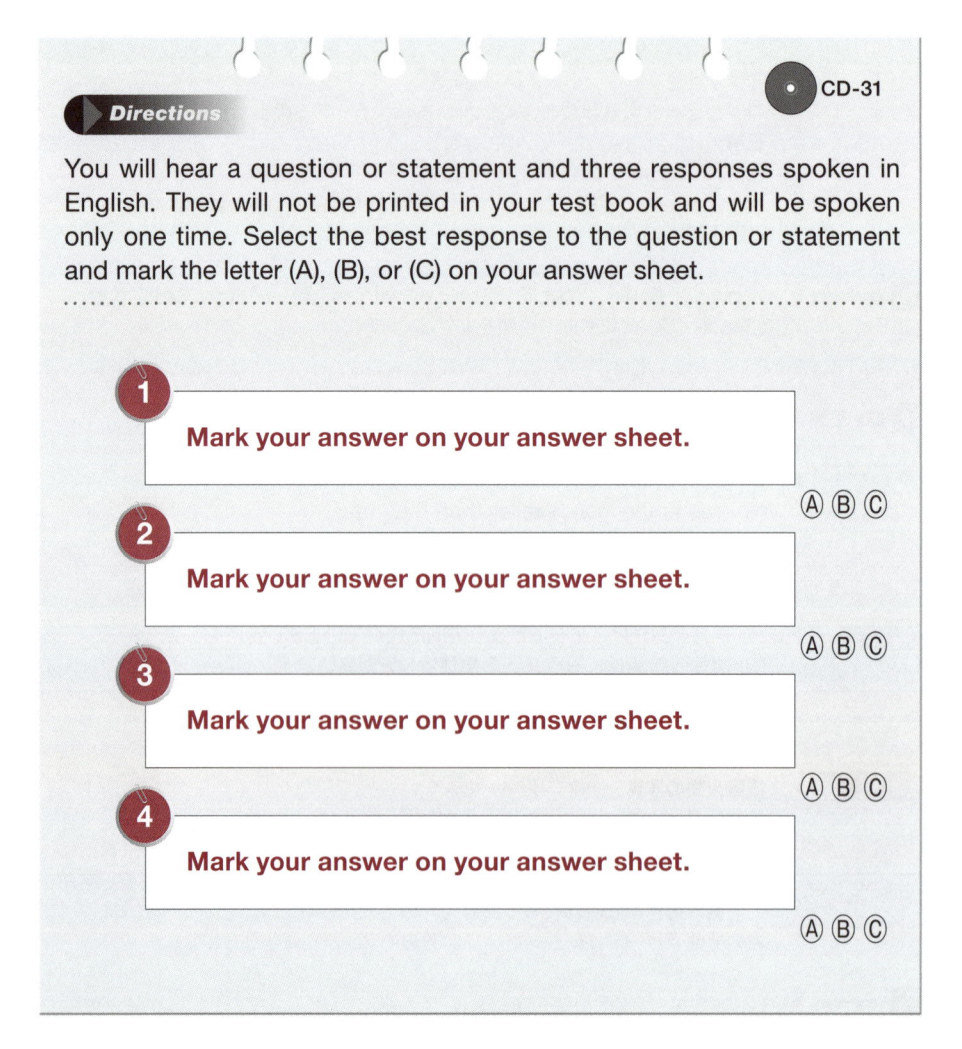

CD-31

Directions

You will hear a question or statement and three responses spoken in English. They will not be printed in your test book and will be spoken only one time. Select the best response to the question or statement and mark the letter (A), (B), or (C) on your answer sheet.

1 Mark your answer on your answer sheet.　Ⓐ Ⓑ Ⓒ

2 Mark your answer on your answer sheet.　Ⓐ Ⓑ Ⓒ

3 Mark your answer on your answer sheet.　Ⓐ Ⓑ Ⓒ

4 Mark your answer on your answer sheet.　Ⓐ Ⓑ Ⓒ

104

Personnel / Training / Employment　Part 2

1　正解　▶　(A)

スクリプト ▶　How much is the salary?

(A) It depends on your experience.
(B) For three months.
(C) It'll be paid tomorrow.

日本語訳 ▶　給料はいくらですか？
(A) それはあなたの経験によります。
(B) 3ヵ月間です。
(C) それは明日支払われます。

解説 ▶　疑問詞で始まる疑問文。⇒リスニングの解法 ルール 11
お給料はいくらか聞いています。
「あなたの経験によります」と答えている (A) が正解。
(B) は期間を答えているので不正解です。
(C) は「明日支払われます」と答えていて、いくらに対する答えになっていないので不正解。

Vocabulary ▶
☐ salary　名 給料
☐ depend on ~　~による、~次第である、左右される

2　正解　▶　(B)

スクリプト ▶　Who will be the new office manager?

(A) As far as I know, no.
(B) I heard Jim Watson got the job.
(C) Is it new?

日本語訳 ▶　新しいオフィス・マネージャーは誰ですか？
(A) 私が知る限り、違います。
(B) 私は、ジム・ワトソンがその職に就くと聞きました。
(C) それは新しいですか？

解説 ▶　疑問詞で始まる疑問文。⇒リスニングの解法 ルール 11
新しいマネージャーは誰か聞いています。
「誰か」を聞かれているのに対して、(A) は「いいえ」と答えているので不正解。
ジム・ワトソンという人物名が出てくる (B) が正解となります。
(C) は設問と同じ new という語が使われていますが、聞き返している内容が明確でないので間違いです。

Unit 5 Personnel / Training / Employment

Part 2 応答問題

Vocabulary ▶ ☐ as far as　〜する限り、〜まで

---

3 ▮▮▮ 正解 ▶ **(A)**

スクリプト ▶ **Are you applying for the part-time or the full-time position?**

　(A) I'd like to work full-time.
　(B) There are many parts.
　(C) It's five-thirty.

日本語訳 ▶ あなたは、パートタイム、あるいはフルタイムの職、どちらに応募しますか？
　(A) フルタイムで働きたいです。
　(B) 多くのパーツがあります。
　(C) 5 時 30 分です。

解　説 ▶ **A か B かどちら？ と聞かれる選択疑問文。**⇒リスニングの解法　ルール 19
パートタイマーか、フルタイマーか、どちらに応募するのか聞いています。どちらに応募するかに対して、「フルタイムで働きたい」とどちらかを答えている (A) が正解です。
(B) は設問の part-time と音の一部が同じ parts を用いたひっかけ選択肢です。応答として不適当なので間違いです。⇒リスニングの解法　ルール 21
(C) は時間を答えているので不正解です。

Vocabulary ▶ ☐ apply for 〜　▣ 〜に申し込む、出願する、適合する

Personnel / Training / Employment　Part 2

Unit 5

4 ▮▮▮ 正解 ▶ **(C)**

スクリプト ▶ **The interview begins at 10:00 A.M., doesn't it?**

(A) Yes, they are.
(B) No, it wasn't.
(C) Yes, it does.

日本語訳 ▶ **面接は、午前 10 時に始まりますね？**
(A) はい、彼らはそうです。
(B) いいえ、そうでありませんでした。
(C) はい、そうです。

解説 ▶ **付加疑問文。** ⇒リスニングの解法　ルール 18
面接が午前 10 時に始まることを確認しています。
(A) は They が指すものが不明で、動詞も複数に使われる are なので間違いです。
これから始まることに対して (B) は過去形で答えているので不正解。
(C) は、主語が interview を受けて it、動詞も does で、時制、数、ともに設問に対応しており、正解となります。

Vocabulary ▶ □ interview 名 会見、面接、インタビュー

Don't give up!

あきらめずにいきましょう！

Unit 5 Personnel / Training / Employment

Part 3 会話文問題

CD-32

Directions

You will hear a conversation between two or more people. You will be asked to answer three questions about what the speakers say in the conversation. Select the best response to each question and mark the letter (A), (B), (C), or (D) on your answer sheet. The conversation will not be printed in your test book and will be spoken only one time.

1. Why is the man calling?
(A) To schedule an interview
(B) To apologize for an error
(C) To confirm an address
(D) To advertise a service

Ⓐ Ⓑ Ⓒ Ⓓ

2. What does the man say is the reason for the delay?
(A) The woman's credit card was declined.
(B) The order was lost.
(C) The item was out of stock.
(D) The number of applications was high.

Ⓐ Ⓑ Ⓒ Ⓓ

3. Why does the woman refuse the man's offer?
(A) She has accepted another job.
(B) The price is too high.
(C) She has found a different product.
(D) The location is too far.

Ⓐ Ⓑ Ⓒ Ⓓ

Personnel / Training / Employment Part 3

Unit 5

研修や、面接の予約、手続きの会話は職種や予約の時間について注意して聞きましょう。

Questions 1 through 3 refer to the following conversation.

スクリプト

M. Hello. This is Phillip Walsh calling from Export Central. ① **I'm calling about your application for the sales person position** and **we'd like to invite you to attend an interview**.
W. Really? I thought that my application had been unsuccessful as ② **it's been more than three weeks since I applied**.
M. ② **Sorry for the delay. We received more applications than we expected.** Would Friday, June 7 at 9:30 A.M. be convenient?
W. Actually, ③ **I've just accepted a position at another company** so ③ **I'm afraid I'll have to turn your offer down**.

日本語訳

問題 1 から 3 は、次の会話に関するものです。

M. こんにちは。こちらはエクスポート・セントラルのフィリップ・ウォルシュです。あなたの販売職への応募の件でお電話しており、面接に来ていただきたいと思っています。
W. 本当ですか？ 応募してから 3 週間以上経っているので、不採用だったと思いました。
M. 遅れたことは申し訳ありません。我々が予想していた以上の応募を受けました。6 月 7 日金曜日の午前 9 時 30 分は、ご都合がよろしいですか？
W. 実は、ちょうど他社の職を引き受けたところなので、申し訳ありませんが御社のお申し出を断らなければなりません。

Vocabulary

- application 名 願書、申請書、申し込み書
- attend 他 〜に出席する、参列する、付き添う
- unsuccessful 形 失敗した、不成功に終わった、不運な
- apply 自 申し込む、適合する   □ delay 名 遅れ
- expect 他 予期する、期待する
- convenient 形 便利な、（もの・時間などが）都合がよくて
- accept 他 〜を引き受ける
- afraid 形 残念に思う、（〜を）心配して、気遣って、恐れて
- turn down 拒絶する、却下する、折りたたむ

Unit 5 Personnel / Training / Employment

Part 3 会話文問題

① 正解 ▶ (A)

スクリプト ▶ Why is the man calling?

    (A) To schedule an interview
       → we'd like to invite you to attend on interview から判断。
    (B) To apologize for an error
    (C) To confirm an address
    (D) To advertise a service

日本語訳 ▶ 男性はなぜ電話をしていますか?
    (A) 面接の予定を組むため
    (B) 誤りについて謝罪するため
    (C) 住所を確かめるため
    (D) サービスを広告するため

解説 ▶ 男性が電話をしている理由を聞かれています。男性は冒頭で自己紹介をしたあと、3文目に I'm calling about your application for the sales person position and we'd like to invite you to attend an interview.（あなたの販売職への応募の件でお電話しており、面接に来ていただきたいと思っています。）と、応募者である女性に対して、面接の案内をしています。したがって男性が電話をかけた理由は面接の予約をとるためであり、正解は (A) To schedule an interview となります。

Vocabulary ▶
☐ schedule 他 予定する、予定に組み込む
☐ apologize 自 謝る、謝罪する、詫びる
☐ confirm 他 確かめる　　☐ advertise 他 広告する、宣伝する

---

② 正解 ▶ (D)

スクリプト ▶ What does the man say is the reason for the delay?
       →設問の先読みで男性が何かに遅れていることがわかる。

    (A) The woman's credit card was declined.
    (B) The order was lost.
    (C) The item was out of stock.
    (D) The number of applications was high.
       → received more applications than we expected の言い換え。

> **日本語訳** ▶ 男性は、遅れた理由を何と言っていますか？
> (A) 女性のクレジットカードが断られたため。
> (B) 注文がなくなったため。
> (C) その商品が品切れだったため。
> **(D) 応募の数が多かったため。**

> **解説** ▶ 設問を先に読むと、英文を聞かなくても男性が何かに遅れていることがあらかじめわかります。⇒リスニングの解法　ルール 24　女性の前半の発言の最後に it's been more than three weeks since I applied.（応募してから 3 週間以上経っている）とあり、女性が応募してから 3 週間経っていることがわかり、続く男性の発言、Sorry for the delay. We received more applications than we expected.（遅れたことは申し訳ありません。我々が予想していた以上の応募を受けました。）から、応募者が予想より多かったとわかります。したがって正解は (D) The number of applications was high. です。

> **Vocabulary** ▶ ☐ decline 他 断わる　　☐ lost 形 なくなった
> ☐ out of stock 在庫切れ、在庫がない

---

③ ▮▮▮ **正解** ▶ **(A)**

> **スクリプト** ▶ Why does <u>the woman refuse the man's offer</u>?
> 　　　　　　→会話内では turn your offer down と言っている。

> **(A) She has accepted another job.**
> 　→ accept a position at another company の言い換え。
> (B) The price is too high.
> (C) She has found a different product.
> (D) The location is too far.

> **日本語訳** ▶ 女性は、なぜ男性の申し出を拒否していますか？
> **(A) 彼女は、もう一つの仕事を引き受けたため。**
> (B) 価格があまりに高いため。
> (C) 彼女が違う製品を見つけたため。
> (D) 場所があまりに遠いため。

> **解説** ▶ 女性が男性の申し出を拒否した理由を聞いています。女性が後半の発言で I've just accepted a position at another company so I'm afraid I'll have to turn your offer down.（ちょうど他社の職を引き受けたところなので、申し訳ありませんが御社のお申し出を断らなければなりません。）と、他の会社の職を引き受けたから申し出を断ることを説明しているので、(A) She has accepted another job. が正解となります。

> **Vocabulary** ▶ ☐ refuse 他 断わる、拒絶する、拒否する
> ☐ offer 名 申し出、提案　　☐ accept 他 〜を引き受ける

Unit 5 Personnel / Training / Employment

Part 4 説明文問題

CD-33

Directions

You will hear a talk given by a single speaker. You will be asked to answer three questions about what the speaker says in the talk. Select the best response to each question and mark the letter (A), (B), (C), or (D) on your answer sheet. The talk will not be printed in your test book and will be spoken only one time.

1. Where does the introduction take place?
(A) At an awards ceremony
(B) At a production company
(C) At a music studio
(D) At a security firm

Ⓐ Ⓑ Ⓒ Ⓓ

2. What does the speaker mean when he says, "So, please don't forget about that"?
(A) A meeting venue has changed.
(B) A rule must be followed.
(C) A card reader is broken.
(D) A guest will give a speech.

Ⓐ Ⓑ Ⓒ Ⓓ

3. According to the speaker, what will the CEO talk about?
(A) The history of the company
(B) The sales performance last year
(C) The retirement of a colleague
(D) The success of an artist

Ⓐ Ⓑ Ⓒ Ⓓ

Personnel / Training / Employment **Part 4**

Unit 5

> 社内に向けての案内は、日程の案内や、注意事項、施策の説明などが取り上げられます。

Questions 1 through 3 refer to the following talk.

スクリプト ▶ Good morning everybody and welcome to your first day at ① **Wonder Television Productions.** ② **To start with, be sure to wear your company identity card at all times. It not only identifies who you are but also serves as a door key throughout the building. Simply swipe it through the card reader and the door will open. So, please don't forget about that.** Also, as we are often recording, please try to keep noise to a minimum. OK, so now let me introduce ③ **our CEO who will tell you how** ① **Wonder Television Productions** ③ **grew from a one room studio into** ① **the largest production company** ③ **in the country.**

日本語訳 ▶ 問題 1 から 3 は、次の話に関するものです。

皆さん、おはようございます。皆さんにとって第 1 日目のワンダーテレビジョンプロダクションズ社へようこそ。まず初めに、常に社員証を身につけるようにしてください。それは身分を確認するだけでなく、建物を通り抜けるドア・キーとしても用いられます。それを単純にカードリーダーにかざしてください。そうすればドアは開きます。したがって、それを忘れないでください。また、しばしばレコーディングをしているので、どうか音を立てるのは最低限に抑えてください。ここで我が社の CEO を紹介いたします。彼がワンダーテレビジョンプロダクションズ社がどのようにしてワンルーム・スタジオから国内最大の製作会社に成長したのかをお話します。

Vocabulary ▶
- □ to start with ~ まずはじめに □ be sure to 形 必ず~するように
- □ identity card 身分証明書 □ at all times いつでも、随時、常に
- □ identify 他 確認する、証明する □ serve 他 役に立つ、仕える、務める
- □ throughout 前 ~のすみからすみまで □ simply 副 単純に
- □ swipe 他 (画面に触れたまま) 指を左右に滑らせる、強打する
- □ minimum 名 最低限 □ CEO 名 最高経営責任者
- □ grow from…into ~ …から~に成長する
- □ production company 名 製作会社

Unit 5 Personnel / Training / Employment

Part 4　説明文問題

❶ 正解 ▶ (B)

スクリプト ▶ Where does the introduction take place?
→どこで話されているのか聞かれている。
(A) At an awards ceremony
(B) At a production company
　→ Wonder Television Productions
　→ grew 〜 into the largest production company から判断。
(C) At a music studio
(D) At a security firm

日本語訳 ▶ この前置きはどこで行われていますか？
(A) 授賞式で　　**(B) 製作会社で**　　(C) 音楽スタジオで　　(D) 警備会社で

解説 ▶ 説明が行われている場所を聞いています。冒頭で話し手が Good morning everybody and welcome to your first day at Wonder Television Productions.（皆さん、おはようございます。皆さんにとって第1日目の Wonder Television Productions 社へようこそ。）と、聞き手が会社に来てくれたことを歓迎しています。通常、3問中、最初の問題の答えはここで確定できることが多いですが、この問題に限っては、この企業が何を扱っているかわかるのは最後の文まで待つ必要があります。⇒リスニングの解法　ルール28
6文目の Wonder Television Productions grew from a one room studio into the largest production company（Wonder Television Productions 社がワンルーム・スタジオから最大の製作会社に成長したのか）から、製造業であることがわかるので正解は (B) At a production company となります。

Vocabulary ▶ □ take place　行われる　　□ award ceremony　表彰式、授賞式
□ security　图 安心、無事、警備

---

❷ 正解 ▶ (B)

スクリプト ▶ What does the speaker mean when he says, "So, please don't forget about that"?
→この発言が聞こえた時には聞き逃していた、とならないように。

(A) A meeting venue has changed.
(B) A rule must be followed.
　→ To start with 〜 and the door will open の言い換え。
(C) A card reader is broken.
(D) A guest will give a speech.

Personnel / Training / Employment　Part 4

Unit 5

日本語訳 ▶ 話し手が「したがって、それを忘れないでください。」と言っている時、話し手は何を意味していますか？
(A) 会議会場が変わった。　　　(B) 規則が守られなければならない。
(C) カードリーダーが壊れている。(D) 来客がスピーチをする。

解説 ▶ 5文目の So, please don't forget about that.（したがって、それを忘れないでください。）がどんな意味で言われているのかを問う問題です。 ⇒ リスニングの解法　ルール 30
2文目から4文目に To start with, be sure to wear your company identity card at all times. It not only identifies who you are but also serves as a door key throughout the building. Simply swipe it through the card reader and the door will open. So, please don't forget about that.（まず初めに、常に社員証を身につけるようにしてください。それは、身分を確認するだけでなく、建物を通り抜けるドア・キーとしても用いられます。それを単純にカードリーダーにかざしてください。そうすればドアは開きます。どうぞお忘れなく。）とあり、これは社内のルールに関する内容だとわかります。選択肢のうち正解は (B) A rule must be followed. となります。

Vocabulary ▶ ☐ venue　名 会合場所、開催地　　☐ follow　他 従う、追う
☐ give a speech　スピーチをする

---

3 ■■■ 正解 ▶ (A)

スクリプト ▶ According to the speaker, what will <u>the CEO talk about</u>?
→ CEO に関する内容に注意。
(A) The history of the company
→ how Wonder Television Productions grew from 〜 into the largest production company の言い換え。
(B) The sales performance last year
(C) The retirement of a colleague
(D) The success of an artist

日本語訳 ▶ 話し手によると、CEO は何について話しますか？
(A) 企業の沿革　(B) 昨年の販売成績　(C) 同僚の引退　(D) アーティストの成功

解説 ▶ CEO が話す内容を聞かれています。7文目の our CEO who will tell you（我が社の CEO がお話しします）のあとを聞くとわかります。how Wonder Television Productions grew from a one room studio into the largest production company in the country.（ワンダーテレビジョンプロダクションズ社がどのようにしてワンルーム・スタジオから国内最大の製作会社に成長したのか）を簡単に「企業の沿革」とまとめた (A) The history of the company が正解です。

Vocabulary ▶ ☐ sales performance　名 販売実績　　☐ retirement　名 退職、引退
☐ colleague　名 同僚

Unit 6 Restaurant / Eating out

Part 1　写真描写問題

レストラン、外食の写真では、人々が食事する場面やオーダーをとっている様子、料理している様子が出題されます。

CD-34

Directions

For each question in this part, you will hear four statements about a picture in your test book. When you hear the statements, you must select the one statement that best describes what you see in the picture. Then find the number of the question on your answer sheet and mark your answer. The statements will not be printed in your test book and will be spoken only one time.

1

Ⓐ Ⓑ Ⓒ Ⓓ

2

Ⓐ Ⓑ Ⓒ Ⓓ

Restaurant / Eating out　Part 1

Unit 6

1 ■■■ 正解 ▶ **(C)**

スクリプト ▶
(A) She's washing her hands.
(B) She's sharpening a knife.
(C) She's cutting some vegetables.
(D) She's opening a fridge door.

日本語訳 ▶
(A) 彼女は手を洗っています。
(B) 彼女はナイフを研いでいます。
(C) 彼女はいくつかの野菜を切っています。
(D) 彼女は冷蔵庫のドアを開けています。

解説 ▶ **人物写真で1人にフォーカス。** ⇒リスニングの解法 ルール1
(A) は「彼女」の「手」が写真に見えますが、手を洗っているのではなく不正解です。⇒リスニングの解法 ルール6 「ナイフ」を研いでいる様子ではないので、(B) も間違いです。女性はいくつかの野菜を切っているので (C) が正解となります。写真に「冷蔵庫のドア」は見えますが、今開けているのではないので (D) も不正解です。
⇒リスニングの解法 ルール6

Vocabulary ▶ □ sharpen 他 鋭利にする、研ぐ、とがらせる　　□ fridge 名 冷蔵庫

---

2 ■■■ 正解 ▶ **(A)**

スクリプト ▶
(A) Some people are standing in a line.
(B) Some people are cooking food.
(C) Some people are stacking trays.
(D) Some people are eating a meal.

日本語訳 ▶
(A) 何人かの人々は、一列に並んでいます。
(B) 何人かの人々は、料理を作っています。
(C) 何人かの人々は、トレイを積み重ねています。
(D) 何人かの人々は、食事をしています。

解説 ▶ **複数人物の写真。**
何人かの人々が一列に並んでいるので (A) が正解です。
料理が写真に見えますが、作っている人は見当たらないので、(B) は間違い。
トレイも写真に写っていますが、トレイを重ねている様子は写真には見られませんので (C) も不正解。⇒リスニングの解法 ルール6
食べ物を食べている人も写真には写っていません。(D) も不正解となります。
⇒リスニングの解法 ルール3

Vocabulary ▶ □ stand in a line 並ぶ、列を作る、一列に並ぶ
□ stack 他 積み重ねる　　□ meal 名 食事

117

Unit 6　**Restaurant / Eating out**

Part 2　応答問題

（1回目）　（2回目）

レストラン、外食の応答問題では、店員が注文をとっていたり、メニューについて考えている会話が扱われます。

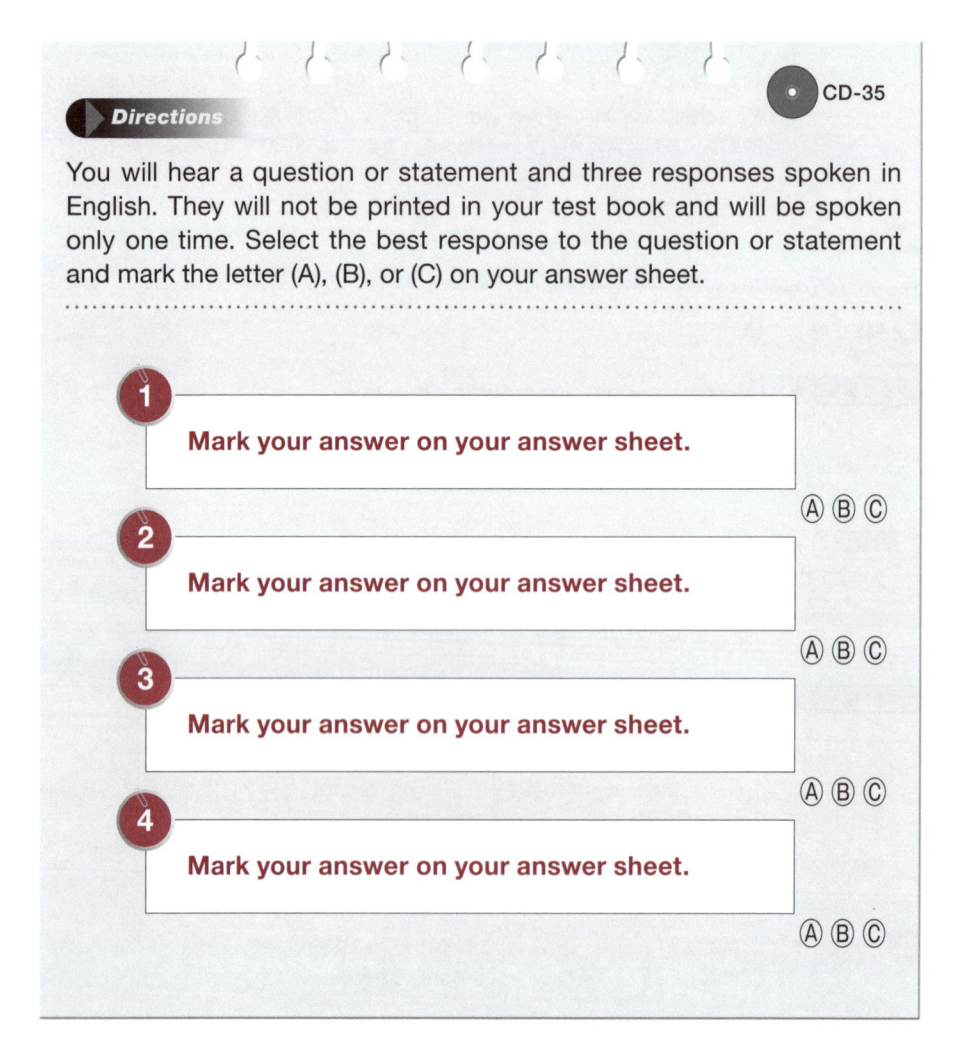

CD-35

▶ **Directions**

You will hear a question or statement and three responses spoken in English. They will not be printed in your test book and will be spoken only one time. Select the best response to the question or statement and mark the letter (A), (B), or (C) on your answer sheet.

1
Mark your answer on your answer sheet.
Ⓐ Ⓑ Ⓒ

2
Mark your answer on your answer sheet.
Ⓐ Ⓑ Ⓒ

3
Mark your answer on your answer sheet.
Ⓐ Ⓑ Ⓒ

4
Mark your answer on your answer sheet.
Ⓐ Ⓑ Ⓒ

Restaurant / Eating out　Part 2

1　正解 ▶ (B)

スクリプト ▶ What would you like to order?

(A) It's out of order.
(B) Today's special.
(C) By fax.

日本語訳 ▶ ご注文は何にされますか？
(A) それは故障しています。
(B) 今日のスペシャルを。
(C) ファックスで。

解説 ▶ 疑問詞で始まる疑問文。⇒リスニングの解法 ルール 11
注文は何にするかを聞いています。
(A) は不正解。設問の order は「注文する」の意味の動詞ですが、(A) の中の out of order は「故障して」の意味です。
注文したいメニューを答えている、(B) が正解となります。
(C) は注文の手段を答えているので間違いです。

Vocabulary ▶ □ out of order　故障、使用不能、調子が悪くて、具合が悪くて

2　正解 ▶ (A)

スクリプト ▶ Your table is ready now.

(A) Great. I'm hungry.
(B) Salt and pepper.
(C) A double room, please.

日本語訳 ▶ あなたのテーブルの準備ができています。
(A) 素晴らしい。お腹が空きました。
(B) 塩と胡椒です。
(C) ダブル・ルームをお願いします。

解説 ▶ 平叙文に答える問題。⇒リスニングの解法 ルール 22
食事の準備がすでにできていることを知らせています。
食事の準備ができているとの報告を受けて、「素晴らしい。お腹が空きました。」と率直に感情を伝えている (A) が正解です。
(B) は間違い。塩と胡椒はテーブルの上に置いてある可能性もありますが、語りかけに対する応答としては不適当です。
(C) も不正解。「ダブル・ルームをお願いします。」では会話が自然に流れていません。

Unit 6　Restaurant / Eating out

Part 2　応答問題

Vocabulary ▶ □ ready　形 準備ができて、用意が整って

3　正解 ▶ **(C)**

スクリプト ▶ **Would you like to sit here or over there?**

(A) It's all over.
(B) I like it very much.
(C) I don't mind.

日本語訳 ▶ **ここに座りますか、それともあちらに座りますか？**
(A) すっかり終わっています。
(B) それがとても気に入りました。
(C) 私は気にしません。

解説 ▶ **AかBかどちら？と聞かれる選択疑問文。**
Would you like～？の形をとり、どちらの座席がいいか聞いています。
(A) は不正解。設問と同じoverが使われていますが、「すっかり終わっています。」では応答として成立していません。
(B) はitの指すものが不明なので間違いです。
(C) は「私は気にしません」と答えることで、どちらの座席でもいいことを知らせているので正解となります。 ⇒リスニングの解法　ルール20

Vocabulary ▶ □ all over　全く終わって、いたるところ、全く
□ mind　他 注意する、嫌がる、嫌だと思う

4 正解 ▶ (A)

スクリプト ▶ **You've visited this restaurant before, haven't you?**

(A) No, it's my first time.
(B) Let's take a rest.
(C) The bill is expensive.

日本語訳 ▶ あなたは、以前このレストランに来ましたね？
(A) いいえ、これが初めてです。
(B) 休みましょう。
(C) その請求書は高いです。

解説 ▶ 付加疑問文。⇒リスニングの解法　ルール 18
相手が以前、このレストランに来たことを確認しています。
(A) は No, と答えて、「これが初めてです」と答えているので正解です。
(B) は設問の restaurant の一部、rest が含まれていますが、「休みましょう」では会話が自然に流れず、不正解。⇒リスニングの解法　ルール 21
(C) は The bill が何の請求書を指しているのかがわからないので不正解となります。

Vocabulary ▶ ☐ take a rest　休憩をとる
☐ bill　名 勘定書き、請求書

If you think you can, you can!

できると思えば、できるのです！

Unit 6 **Restaurant / Eating out**

Part 3　会話文問題

CD-36

Directions

You will hear a conversation between two or more people. You will be asked to answer three questions about what the speakers say in the conversation. Select the best response to each question and mark the letter (A), (B), (C), or (D) on your answer sheet. The conversation will not be printed in your test book and will be spoken only one time.

1
Who is the man?
(A)　A server
(B)　A diner
(C)　A dietician
(D)　A chef

Ⓐ Ⓑ Ⓒ Ⓓ

2
What does the man mean when he says, "I think I'll go with that"?
(A)　He wants to leave soon.
(B)　He will pay in cash.
(C)　He likes price of an item.
(D)　He accepts a suggestion.

Ⓐ Ⓑ Ⓒ Ⓓ

3
What will probably happen next?
(A)　Some beverages will be ordered.
(B)　A payment will be made.
(C)　Some advice will be offered.
(D)　A kitchen will be cleaned.

Ⓐ Ⓑ Ⓒ Ⓓ

Restaurant / Eating out　Part 3

Unit 6

接客係が今日の料理について説明する場面では、あいさつや店の紹介で始まり、メニューの値段、材料の説明についての会話が展開されます。

Questions 1 through 3 refer to the following conversation between three speakers.

スクリプト

W1. Hi, ① **I'm Sara and I'm your server** this evening. ① **Are you ready to order?**
M. ② **What's today's special?**
W1. **It's roasted duck and it's served with potatoes and seasonal vegetables. I can highly recommend it.**
M. Mmm – nice! **I think I'll go with that.** What about you, Julia?
W2. Hmm…I'm not sure.
M. Last time I was here, I had the chicken curry. You might like that.
W1. Absolutely, and it comes with both rice and bread.
W2. I'm not so hungry so I'll just have a salad, please.
M. ③ **And can we order some drinks while you're here?**

日本語訳

問題 1 から 3 は、次の 3 人の会話に関するものです。

W1. こんばんは、サラと申します。私が今晩のお 2 人の給仕です。ご注文はお決まりですか？
M. 今日のスペシャルは何ですか？
W1. 鴨のローストで、ジャガイモと季節野菜と一緒にご提供します。それは大変お勧めできます。
M. うーん、いいですね。それにしようと思います。あなたはどうしますか、ジュリア？
W2. うーん、わかりません。
M. 私が前にここに来た時は、チキンカレーを食べました。あなたは、それがいいかもしれません。
W1. そうですね。ご飯とパンと一緒に出てきます。
W2. それほど空腹ではないので、サラダだけをいただきますので、お願いします。
M. あなたがここにいる間に、飲み物を注文することができますか？

Vocabulary

☐ server 名 給仕人、仕える人
☐ roast 他 （オーブンなどで）焼く、ローストする、火であぶる
☐ seasonal 形 季節の、特定の季節だけの
☐ recommend 他 推薦する、推奨する、勧める
☐ go with ～を選ぶ　　☐ absolutely 副 絶対に、完全に、全く

Unit 6 Restaurant / Eating out

Part 3 会話文問題

1 ▌▌▌ 正解 ▶ **(B)**

スクリプト ▶ **Who is the man?**
→男性の発言に注目。

(A) A server
(B) A diner
→女性と男性の発言、両方から判断。
(C) A dietician
(D) A chef

日本語訳 ▶ **男性は誰ですか?**
(A) 給仕
(B) ディナー客
(C) 栄養士
(D) シェフ

解説 ▶ 男性がどんな人か聞いています。女性1が最初の発言で男性に I'm Sara and I'm your server this evening. Are you ready to order?（こんばんは、サラと申します。私が今晩のお2人の給仕です。ご注文はお決まりですか？）と話しかけていることから、男性は食事をしに来た客だとわかります。男性は What's today's special?（今日のスペシャルは何ですか？）と、今日のメニューを聞いていることからも、正解は (B) A diner となります。

Vocabulary ▶ ☐ diner 名 ディナー客、食事する人
☐ dietician 名 栄養士

---

2 ▌▌▌ 正解 ▶ **(D)**

スクリプト ▶ **What does the man mean when he says, "I think I'll go with that"?**
→この発言を聞いた時には聞き逃していた、とならないように。

(A) He wants to leave soon.
(B) He will pay in cash.
(C) He likes price of an item.
(D) He accepts a suggestion.
→ I can highly recommend it を受けている。

日本語訳 ▶ **男性が「私はそれにしようと思います」と言った時、彼は何を意味していますか？**
(A) 彼はすぐに出て行きたい。
(B) 彼は現金で支払う。

(C) 彼は料理の価格が気に入った。
(D) 彼は提案を受け入れる。

解説 ▶ 発言した時の男性の意図を聞かれています。設問中にある、男性の2回目の発言 Mmm – nice! I think I'll go with that.（うーん、いいですね。それにしようと思います。）は、その前の It's roasted duck and it's served with potatoes and seasonal vegetables. I can highly recommend it.（鴨のローストで、ジャガイモと季節野菜と一緒にご提供します。それは大変お勧めできます。）を受けたものです。メニューの内容が気に入っている様子なので、正解は「提案を受け入れる」という意味の (D) He accepts a suggestion. となります。
⇒リスニングの解法　ルール26

Vocabulary ▶ □ pay in cash　現金で払う、即金で払う
□ suggestion　名 提案、提言

---

3 ▊▊▊ 正解 ▶ **(A)**

スクリプト ▶ **What will probably happen next?**
→次に起こることを想像して話を聞くこと。

(A) Some beverages will be ordered.
　→会話内では beverage を some drinks と言っている。
(B) A payment will be made.
(C) Some advice will be offered.
(D) A kitchen will be cleaned.

日本語訳 ▶ おそらく次に何が起きますか？
(A) いくつかの飲料が注文される。
(B) 支払いがなされる。
(C) あるアドバイスが提供されます。
(D) キッチンが掃除される。

解説 ▶ 次に起こることを聞かれています。3問中、最後の設問の答えのヒントは最後の発言内にあることが多いです。⇒リスニングの解法　ルール28
特に「次に何が起きますか」という問題の場合、会話から次に起こることを推測する必要があります。男性の最後の発言 And can we order some drinks while you're here?（あなたがここにいる間に、飲物を注文することができますか?）より、男性が今から飲み物を注文することがわかるので、(A) Some beverages will be ordered が正解です。

Vocabulary ▶ □ beverage　名 飲み物、飲料　　□ advice　名 忠告、助言
□ offer　他 提案する、提供する、申し出る

Unit 6 — Restaurant / Eating out

Part 4 説明文問題

CD-37

Directions

You will hear a talk given by a single speaker. You will be asked to answer three questions about what the speaker says in the talk. Select the best response to each question and mark the letter (A), (B), (C), or (D) on your answer sheet. The talk will not be printed in your test book and will be spoken only one time.

1. What type of business has been contacted?
- (A) A supermarket
- (B) A health center
- (C) A restaurant
- (D) A cooking school

2. According to the message, when is the business closed?
- (A) On Monday
- (B) On Tuesday
- (C) On Wednesday
- (D) On Thursday

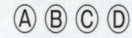

3. What is available on the Web site?
- (A) Job openings
- (B) Food recipes
- (C) Customer reviews
- (D) Nutritional advice

Restaurant / Eating out　Part 4

Unit 6

会社や、サービスなどの自動応答メッセージでは、何のサービスの録音メッセージか、求める内容を聞くには何をすればよいのかを注意して聞きましょう。

Questions 1 through 3 refer to the following recorded message.

スクリプト ▶ Thank you for calling Tropical Tavern. We are currently closed. ① **We are open for lunch** ② **Tuesday through Sunday**, 11:30 A.M. to 2:30 P.M and from 5:30 P.M. to 11:30 P.M. for dinner. ② **We are not open on Monday.** If you would like to ① **make a table reservation**, please call back later. Alternatively, ① **bookings can be made** via our Web site at www.tropicaltavern.com. In addition, ③ **information about** ① **our menu**, location, and ③ **employment opportunities are also available on the Web site**. Thank you for calling Tropical Tavern.

日本語訳 ▶ 問題 1 から 3 は、次の録音メッセージに関するものです。

トロピカルバーに電話をしていただきありがとうございます。ただいま閉店しています。当店は火曜日から日曜日の午前 11 時 30 分から午後 2 時 30 分のランチタイムと、午後 5 時 30 分から午後 11 時 30 分のディナータイムに開店しています。月曜日には開店していません。もしテーブルの予約をご希望であれば、のちほどおかけ直しください。あるいは、ご予約は、ホームページ www.tropicaltavern.com を通してすることができます。加えて、当店のメニュー、場所、そして採用に関する情報も、ウェブサイトで閲覧可能です。トロピカルバーにお電話いただきありがとうございました。

Vocabulary ▶
- tavern 名 居酒屋、バー
- currently 副 現在は、今のところ
- make a reservation 予約をする
- call back 電話し直す、電話をかけ返す
- alternatively 副 二者択一的に、代わりに、あるいは
- booking 名 予約
- via 前 〜経由で、〜を経て、〜によって
- in addition さらに、加えるに、ほかに、その上
- employment 名 雇用、職、仕事
- available 形 利用できる

Unit 6 Restaurant / Eating out

Part 4 説明文問題

1 正解 ▶ **(C)**

スクリプト ▶ **What type of business has been contacted?**
→ビジネスのタイプは何かに注意。
(A) A supermarket
(B) A health center
(C) A restaurant
　→ open for lunch
　→ make a table reservation から判断。
(D) A cooking school

日本語訳 ▶ どんなタイプのビジネスに連絡しましたか?
(A) スーパーマーケット
(B) ヘルス・センター
(C) レストラン
(D) 料理学校

解説 ▶ どんな場所に連絡したいのか聞かれています。冒頭では電話をいただいたお礼についての音声録音があります。3文目に We are open for lunch（当店はランチタイムに開店しています）と、ランチタイムに空いていることを言っていて、また、5文目では make a table reservation（テーブルの予約をする）とテーブルの予約ができることを知らせています。したがって正解は (C) A restaurant となります。これだけでも正解は導き出せますが、さらに聞いていくと、6文目の booking can be made（ご予約はできます）と、7文目の our menu（当店のメニュー）で、レストランと断定できます。

Vocabulary ▶ ☐ health center　健康施設

---

2 正解 ▶ **(A)**

スクリプト ▶ **According to the message, when is the business closed?**
→ not open と説明文内では言っている。

(A) On Monday
(B) On Tuesday
(C) On Wednesday
(D) On Thursday

日本語訳 ▶ メッセージによると、このビジネスはいつ閉まっていますか?
(A) 月曜日
(B) 火曜日

(C) 水曜日
(D) 木曜日

解説 ▶ 閉まっている日時が聞かれています。4文目に We are not open on Monday.（月曜日には開店していません。）とあるので、レストランが空いていないのは月曜日、つまり (A) On Monday が正解です。

---

3 正解 ▶ (A)

スクリプト ▶ What is available on the Web site?
　　　　　　→同じフレーズが説明文内でも言われている。
(A) Job openings
　→ employment opportunities を言い換え。
(B) Food recipes
(C) Customer reviews
(D) Nutritional advice

日本語訳 ▶ ホームページでは、何が利用可能ですか？
(A) 採用情報
(B) 料理のレシピ
(C) 顧客のレビュー
(D) 栄養上のアドバイス

解説 ▶ ウェブサイトで利用可能なことについて聞かれています。7文目に In addition, information about our menu, location, and employment opportunities are also available on the Web site.（加えて、当店のメニュー、場所、そして採用に関する情報も、ウェブサイトで利用可能です。）とあり、メニューと、場所、採用情報がウェブサイトで閲覧可能だとあります。よって、正解は採用情報を言い換えた (A) Job openings だとわかります。

Vocabulary ▶
☐ available　形 利用できる、入手できる、得られる
☐ job opening　求人、求職、勤め口
☐ recipe　名 レシピ、調理法
☐ review　名 評論、書評、批評
☐ nutritional　形 栄養上の、栄養の

Unit 7　Product Development / Advertisement

Part 1　写真描写問題

商品開発の場面では、人々が何かを話し合っていたり、新作について発表していたりする写真が用いられます。

CD-38

Directions

For each question in this part, you will hear four statements about a picture in your test book. When you hear the statements, you must select the one statement that best describes what you see in the picture. Then find the number of the question on your answer sheet and mark your answer. The statements will not be printed in your test book and will be spoken only one time.

1

Ⓐ Ⓑ Ⓒ Ⓓ

2

Ⓐ Ⓑ Ⓒ Ⓓ

Product Development / Advertisement　Part 1

Unit 7

1　正解 ▶ (B)

スクリプト ▶
(A) She's putting on her mask.
(B) She's working in a laboratory.
(C) She's taking off her glasses.
(D) She's emptying a test tube.

日本語訳 ▶
(A) 彼女は、マスクを着けています。
(B) 彼女は、実験室で働いています。
(C) 彼女は、メガネを外しています。
(D) 彼女は、試験管を空にしています。

解説 ▶
人物写真で1人にフォーカス。⇒リスニングの解法 ルール1
〜 be putting on は Part 1 必須表現です。⇒リスニングの解法 ルール4
女性は現在、マスクを身に着ける動作をしていないので (A) は不正解。
女性は服装や持っているものなどから、実験室で働いていることは明らかなので、(B) が正解となります。現在メガネを外している動作をしていないので、(C) は間違いです。女性は手に試験管を持っていますが、中に液体が入っていて、空にする様子でもないので (D) も不正解です。⇒リスニングの解法 ルール6

Vocabulary ▶
☐ put on　〜を身に着ける　　☐ laboratory　名 実験室
☐ take off　〜を脱ぐ・外す　　☐ empty　他 (中身を) 空にする
☐ test tube　名 試験管

2　正解 ▶ (A)

スクリプト ▶
(A) They are having a discussion.
(B) One man is holding a cup.
(C) A woman's writing in a notepad.
(D) A man's cleaning his jacket.

日本語訳 ▶
(A) 彼らは、話し合いをしています。
(B) 1人の男性は、コップを持っています。
(C) 1人の女性は、メモ用紙に書いています。
(D) 1人の男性は、ジャケットを洗濯しています。

解説 ▶
複数人物の写真。⇒リスニングの解法 ルール6
人々が話し合いをしているので (A) が正解です。
コップが写真に見えますが、男性のどちらもコップを持っていないので、(B) は間違い。女性が何かを書いている様子ではないので、(C) も不正解。男性は2人ともジャケットを身に着けていますが、洗濯していないので (D) も不正解です。

Vocabulary ▶
☐ have a discussion　議論する、話し合う　　☐ hold a cup　コップを持つ
☐ notepad　名 メモ用紙　　☐ clean　他 洗濯する

Unit 7　Product Development / Advertisement

Part 2　応答問題

新製品の広告や、発売を控えて準備している場面が応答問題の会話文に出題されます。

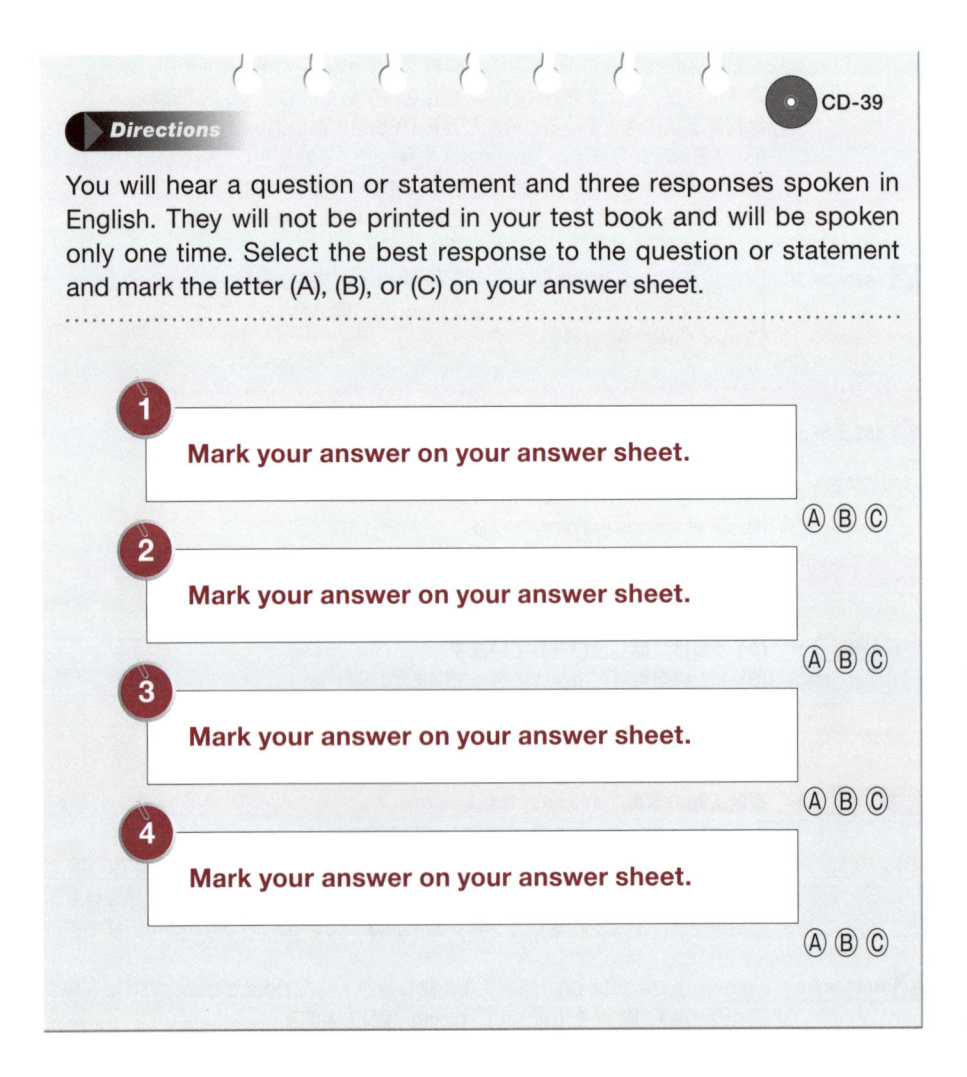

CD-39

Directions

You will hear a question or statement and three responses spoken in English. They will not be printed in your test book and will be spoken only one time. Select the best response to the question or statement and mark the letter (A), (B), or (C) on your answer sheet.

1 Mark your answer on your answer sheet.　Ⓐ Ⓑ Ⓒ

2 Mark your answer on your answer sheet.　Ⓐ Ⓑ Ⓒ

3 Mark your answer on your answer sheet.　Ⓐ Ⓑ Ⓒ

4 Mark your answer on your answer sheet.　Ⓐ Ⓑ Ⓒ

Product Development / Advertisement　Part 2

1　正解　▶　(A)

スクリプト ▶ **How many people are coming to the product launch?**

(A) About a hundred.
(B) In Room 34.
(C) At ten o'clock.

日本語訳 ▶ **その製品の発売に、何人の人々が来ますか？**
(A) 約 100 人です。
(B) 34 号室で。
(C) 10 時に。

解説 ▶ **疑問詞で始まる疑問文。**⇒リスニングの解法 ルール 11
製品の発売に来る人数を聞いています。
「約 100 人です。」と数字を答えている (A) が正解です。
(B) は部屋の番号を答えているので間違い。
(C) も時間を答えているので不正解となります。

Vocabulary ▶
□ product　名 製品
□ launch　名（事業などの）開発、新製品などの売り出し、（本などの）刊行、（新製品を）発売する、発進する、送り出す

2　正解　▶　(B)

スクリプト ▶ **Are we going to advertise online or only in the newspaper?**

(A) The color copier.
(B) It hasn't been decided yet.
(C) Yes, for one month.

日本語訳 ▶ **我々は、インターネットで広告しますか、それとも新聞だけで広告しますか？**
(A) カラーコピー機です。
(B) それは、まだ決定していません。
(C) はい、1 ヵ月間です。

解説 ▶ **A か B かどちら？ と聞かれる選択疑問文。**⇒リスニングの解法 ルール 20
Are we going 〜？の一般疑問文の形をとり、インターネットで広告するか、新聞で広告するかを聞いています。
「どちらで広告しますか」に対して、(A)「カラーコピー機です。」では応答として成立していないので間違いです。
「まだ決定していません。」と答えている (B) が正解です。⇒リスニングの解法 ルール 20
(C) は期間を答えているので不正解となります。

Unit 7　Product Development / Advertisement

Part 2　応答問題

Vocabulary ▶
- □ advertise　他 広告する
- □ copier　名 コピー機

---

3 ▎▎▎ 正解 ▶ **(C)**

スクリプト ▶ **The new prototype is ready, isn't it?**

(A) I can type it.
(B) It was new.
(C) No, not yet.

日本語訳 ▶ **新しい試作品は、準備ができていますね？**
(A) 私はそれをタイプすることができます。
(B) それは新しかったです。
(C) いいえ、まだです。

解説 ▶ **付加疑問文。**
設問中の prototype の一部 type を「タイプライターを打つ」という意味の動詞として使っていますが、応答として成立していませんので (A) は間違い。
⇒リスニングの解法　ルール 21
(B) は「それは新しかったです。」では会話が自然に流れないので不正解です。「まだです。」と質問に答えている (C) が正解となります。⇒リスニングの解法　ルール 18

Vocabulary ▶
- □ prototype　名 試作品、原型、模範
- □ type　自 タイプライターを打つ

Product Development / Advertisement　Part 2

Unit 7

④ ▌▌▌ 正解 ▶ (A)

スクリプト ▶ The price is going to be reduced.

　(A) Is it really?
　(B) It's a nice drive.
　(C) It's lower than that.

日本語訳 ▶ 価格は下げられる予定です。
　(A) 本当ですか？
　(B) それは素晴らしいドライブです。
　(C) それはあれより低いです。

解　説 ▶ 平叙文に答える問題。 ⇒リスニングの解法　ルール 14, 22
価格が下げられる予定であることを伝えています。
「本当ですか？」と聞き返していて一番会話が自然に流れている (A) が正解です。
(B) は不正解。「それは素晴らしいドライブです。」では応答として成り立っていません。
(C) も不正解。何を指して「低い」と言っているのかが明確ではありません。

Vocabulary ▶ □ reduce　他 下げる、減らす、縮める

Be positive!

前向きにいきましょう！

Unit 7 Product Development / Advertisement

Part 3 会話文問題

CD-40

Directions

You will hear a conversation between two or more people. You will be asked to answer three questions about what the speakers say in the conversation. Select the best response to each question and mark the letter (A), (B), (C), or (D) on your answer sheet. The conversation will not be printed in your test book and will be spoken only one time.

1. Where do the speakers work?
(A) At a department store
(B) At a movie studio
(C) At an advertising agency
(D) At a sunglass manufacturer

Ⓐ Ⓑ Ⓒ Ⓓ

2. Why does the woman say, "That's surprising"?
(A) A product has been withdrawn.
(B) A campaign was not effective.
(C) An actor has refused a role.
(D) An order has been reduced.

Ⓐ Ⓑ Ⓒ Ⓓ

3. What does the woman suggest?
(A) Scheduling a meeting
(B) Reducing a price
(C) Hiring John Spence
(D) Conducting a survey

Ⓐ Ⓑ Ⓒ Ⓓ

Product Development / Advertisement　Part 3

広告関連の会話文では話し手が「社員同士」の場合と、「サービスする側と顧客」の場合があります。

Questions 1 through 3 refer to the following conversation between three speakers.

スクリプト

M1. ② **The campaign** for Optical Eyewear's new line of sunglasses ② **was not as successful as we had hoped**.
W. ② **That's surprising.** I thought that ① **hiring John Spence to appear in it** would appeal to the ① **target customers**.
M1. Well, he's a popular actor among young people.
W. ① **Our contract is for one more advertising campaign for Optical Eyewear.** What's your opinion, Tim?
M2. Hmm…We need to think about it.
W. ③ **Let's arrange to meet sometime later this week.**
M1. Sure. In the meantime, ① **I'll speak to the marketing manager at Optical Eyewear and see what he wants us to do next.**

日本語訳

問題1から3は、次の3人の会話に関するものです。

M1. オプティカル・メガネの新しいサングラス商品のキャンペーンは、我々が期待したほど成功しませんでした。
W. それは驚くべきことです。私は、ジョン・スペンスをそれに出演させるために雇うことが、ターゲットの顧客に訴えると思いました。
M1. ええ、彼は若者の間で人気の俳優です。
W. 我々の契約では、オプティカル・メガネのためのもう一つの広告キャンペーンがあります。あなたの意見はどうですか、ティム？
M2. うーん…我々は、それについて考える必要があります。
W. 今週の後半のどこかで、会うよう手配しましょう。
M1. わかりました。それまでに、私はオプティカル・メガネのマーケティング・マネジャーと話をして、彼が我々に次に何をしてほしいかを確認します。

Vocabulary

- eyewear　名 眼鏡
- hire　他 雇う
- appear in　出演する
- appeal　自 アピールする、（人心に）訴える
- contract　名 契約
- arrange　他 配置する、手配する、整理する
- in the meantime　その間に、それまでは

Unit 7　Product Development / Advertisement

Part 3　会話文問題

1　正解 ▶ (C)

スクリプト ▶ **Where do the speakers work?**
→どこの場面かに注目。
(A) At a department store
(B) At a movie studio
(C) At an advertising agency
(D) At a sunglass manufacturer
　　→よく出てくる単語だからとつられてマークしないように。

日本語訳 ▶ 話し手は、どこで働いていますか？
(A) デパートで　(B) 映画スタジオで　**(C) 広告代理店で**　(D) サングラス・メーカーで

解説 ▶ 3人の会話文。
どこで働いているか聞かれています。男性1の最初の発言ではサングラスのキャンペーンについて話していますが、つられて (D) At a sunglass manufacturer にマークしないように注意。女性の最初の発言で、I thought that hiring John Spence to appear in it would appeal to the target customers（ジョン・スペンスを雇うことが、ターゲットの顧客に訴えると思いました）と言っており、さらに、2回目の発言で Our contract is for one more advertising campaign for Optical Eyewear.（我々の契約では、オプティカル・メガネのためのもう一つの広告キャンペーンがあります。）と言っています。広告について話していて人気の俳優であるジョン・スペンサーを雇う期間についても話しているので、正解は (C) At an advertising agency です。⇒リスニングの解法　ルール25

Vocabulary ▶ □ department store 名 百貨店・デパート
□ agency 名 代理店、取次店　□ manufacturer 名 メーカー、製造業者

2　正解 ▶ (B)

スクリプト ▶ **Why does the woman say, "That's surprising"?**
　　→この発言が聞こえた時には聞き逃していた、とならないように。

(A) A product has been withdrawn.
(B) A campaign was not effective.
　　→会話内の not as successful の言い換え。
(C) An actor has refused a role.
(D) An order has been reduced.

日本語訳 ▶ 女性はなぜ「それは驚くべきことです。」と言いましたか？
(A) 製品が引っ込められたから。

Product Development / Advertisement　Part 3

(B) キャンペーンが、効果的でなかったから。
(C) 俳優が役を拒否したから。
(D) 注文が減らされたから。

解説 ▶ 女性の発言の理由を聞いています。女性は最初の発言で That's surprising. と言っていますが、これはその前の男性1の発言、The campaign for Optical Eyewear's new line of sunglasses was not as successful（オプティカル・メガネの新しいサングラス商品のキャンペーンは成功しませんでした）を受けています。つまり、女性はキャンペーンが思ったほどうまくいかなかったことについて驚いているので正解は、(B) A campaign was not effective. となります。⇒リスニングの解法 ルール26　会話の始めから2問目の答えがわかるので注意して聞きましょう。⇒リスニングの解法 ルール26

Vocabulary ▶
☐ withdraw　自 引っ込める、（カーテンなどを）引く、引き出す、取り出す
☐ effective　形 有効な、効力のある、効果的な
☐ refuse　他 断わる、拒絶する
☐ role　名 役割
☐ reduce　他 減らす、引き下げる、縮める

---

3 ■■■ 正解 ▶ (A)

スクリプト ▶ What does <u>the woman</u> suggest?
→女性の発言に注目。会話では Let's ～ で提案。

(A) Scheduling a meeting
　→ arrange to meet sometime の言い換え。
(B) Reducing a price
(C) Hiring John Spence
(D) Conducting a survey

日本語訳 ▶ 女性は何を提案していますか？
(A) 会議を予定すること
(B) 価格を下げること
(C) ジョン・スペンスを雇うこと
(D) 調査を行うこと

解説 ▶ 女性が提案したことについて聞かれています。女性が3回目の発言で、Let's arrange to meet sometime later this week.（今週の後半のどこかで、会うよう手配しましょう。）と、また会うように手配しようとしていることから、(A) Scheduling a meeting が正解だとわかります。

Vocabulary ▶
☐ suggest　他 ～を提案する　　☐ schedule　他 予定する、予定に組み込む
☐ hire　他 ～を雇う　　☐ conduct　他 行う、処理する
☐ survey　名 調査、測量　　他 調査する、測量する

Unit 7 Product Development / Advertisement

Part 4 説明文問題

CD-41

Directions

You will hear a talk given by a single speaker. You will be asked to answer three questions about what the speaker says in the talk. Select the best response to each question and mark the letter (A), (B), (C), or (D) on your answer sheet. The talk will not be printed in your test book and will be spoken only one time.

1. What does the speaker say about the new product?
- (A) It is easy to use.
- (B) Its release date was delayed.
- (C) It costs $100.
- (D) It is part of a series.

Ⓐ Ⓑ Ⓒ Ⓓ

2. When will the advertising campaign begin?
- (A) Today
- (B) Tomorrow
- (C) Next week
- (D) Next month

Ⓐ Ⓑ Ⓒ Ⓓ

3. Why does the speaker say, "I know that you'll all do your best"?
- (A) The staff will be required to work extra hours.
- (B) The employees will have to deal with many complaints.
- (C) The workers are currently behind schedule on a project.
- (D) The workforce is required to learn a new foreign language.

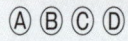

Ⓐ Ⓑ Ⓒ Ⓓ

Product Development / Advertisement　Part 4

Unit 7

> 説明文を聞きながら、何の商品について、誰に伝えているかを考えましょう。

Questions 1 through 3 refer to the following excerpt from a meeting.

スクリプト ▶ Today I am delighted to ① **introduce you to the newest addition to our already popular line of computer-based language learning software programs**. As of next Friday, our existing French, Italian, and German programs will be joined by a Spanish edition and available for purchase from our online store. ② **Advertisements will begin to appear in the press today.** Please be aware that due to the new edition being offered at a reduced price of $50, ③ **we expect the number of orders to be high and we will have to ask you to work overtime to meet demand**. I know that you'll all do your best.

日本語訳 ▶ 問題 1 から 3 は、次の会議の一部に関するものです。

本日は、コンピュータ・ベースの言語学習ソフトウェア・プログラムのすでに人気の商品群に、最新の追加があることをご紹介できて、うれしく思います。次の金曜日の時点で、我々の既存のフランス語、イタリア語、そしてドイツ語のプログラムに、スペイン語版が加えられ、我々のオンライン・ストアから購入可能になります。広告は、今日の新聞から出始めます。50 ドルという割引価格で提供されている新版のために、注文数が多くなることを期待しており、需要に間に合わせるために、皆さんには超過勤務をお願いしなければならないことをご了承ください。皆さん全員が最善を尽くしてくださることでしょう。

Vocabulary ▶
- □ delight 他 喜ばせる、うれしがらせる
- □ addition 名 追加、付加物
- □ as of（何月何日）現在で、（何月何日）時点で
- □ exist 自 存在する、現存する
- □ edition 名（本・雑誌・新聞などの）版
- □ available 形 購入できる　□ purchase 他 買う、購入する
- □ the press 出版物、新聞、雑誌
- □ aware 形（を）知って、（に）気付いて
- □ due to ～のため、～の結果　□ reduced price 名 割引価格
- □ expect 他 期待する　□ overtime 名 残業、時間外労働、超過勤務
- □ demand 名 要求、需要

Unit 7 Product Development / Advertisement

Part 4 説明文問題

1 ‖‖ 正解 ▶ **(D)**

スクリプト ▶ **What does the speaker say about the new product?**

(A) It is easy to use.
(B) Its release date was delayed.
(C) It costs $100.
(D) It is part of a series.
　→ the newest addition to our already popular line の言い換え。

日本語訳 ▶ **話し手は、新製品について何と言っていますか？**
(A) それは使いやすいです。
(B) その発売日が遅れました。
(C) 100 ドルがかかります。
(D) それは、シリーズの一部です。

解説 ▶ 新製品について話し手が言ってることを聞かれています。冒頭の Today I am delighted to introduce you to the newest addition to our already popular line of computer-based language learning software programs. (本日は、コンピュータ・ベースの言語学習ソフトウェア・プログラムのすでに人気の商品群に、最新の追加があることをご紹介できて、うれしく思います。) から、新しい商品はすでにあるラインに加えるものだとわかります。これを「シリーズの一部」との表現に言い換えている (D) It is part of a series. が正解となります。

Vocabulary ▶ □ release　他（新製品などを）発売する、発表する、放す、自由にする
　　　　　　　□ delay　他 ~を遅らせる

---

2 ‖‖ 正解 ▶ **(A)**

スクリプト ▶ **When will the advertising campaign begin?**
→設問の先読みでキャンペーンが始まることがわかる。

(A) Today
(B) Tomorrow
(C) Next week
(D) Next month

日本語訳 ▶ **広告キャンペーンはいつ始まりますか？**
(A) 今日　(B) 明日　(C) 来週　(D) 来月

Product Development / Advertisement　Part 4

Unit 7

解説 ▶ キャンペーンの始まる時を聞かれています。設問を先に読んでおき、3文目の Advertisements will begin to appear in the press（広告は、今日の新聞から出始めます）のところでこの文が該当箇所だとわかります。この文は最後に today. と続くので正解は (A) Today となります。⇒リスニングの解法　ルール24

Vocabulary ▶ ☐ advertising campaign　名 広告キャンペーン

---

3 ▌▌▌ 正解 ▶ **(A)**

スクリプト ▶ **Why does the speaker say, "I know that you'll all do your best"?**
→この発言を聞いた時には聞き逃していた、とならないように。

(A) The staff will be required to work extra hours.
　　→本文の overtime の言い換え。
(B) The employees will have to deal with many complaints.
(C) The workers are currently behind schedule on a project.
(D) The workforce is required to learn a new foreign language.

日本語訳 ▶ 話し手はなぜ、「私は、皆さん全員が最善を尽くすことを知っています。」と、言っていますか？
(A) スタッフが、余分な時間の労働を要求されるため。
(B) 従業員が、多くの苦情に対処しなければならないため。
(C) 労働者が、現在、プロジェクトの予定より遅れているため。
(D) 全従業員が、新しい外国語を学ぶことを要求されるため。

解説 ▶ 最後の1文で、I know that you'll all do your best.（皆さん全員が最善を尽くしてくださることでしょう。）と言っているのは前の4文目の後半を受けています。we expect the number of orders to be high and we will have to ask you to work overtime to meet demand.（注文数が多くなることを期待しており、需要に間に合わせるために、皆さんには超過勤務をお願いしなければならない）とあり、従業員は超過勤務をすることになると言っています。overtime を extra hours と言い換えた (A) The staff will be required to work extra hours. が正解です。⇒リスニングの解法　ルール30
また、選択肢の主語がすべて話し手ではなく、従業員になっている（staff, employees, workers, workforce とすべて違う単語で表現）ことで受け身の形が多く含まれています。⇒リスニングの解法　ルール7

Vocabulary ▶ ☐ require　他 要求する、必要とする
☐ extra　形 余分な
☐ employees　名 従業員
☐ deal with　対処する、処理する、～を扱う
☐ complaint　名 不平、苦情
☐ behind schedule　予定（定刻）に遅れて
☐ workforce　名 全従業員、労働力

Unit 8 Housing / Building

Part 1　写真描写問題

(1回目)　(2回目)

建物を建てたり、何かを修理しているところ、また、工事現場の写真も出てきます。

CD-42

Directions

For each question in this part, you will hear four statements about a picture in your test book. When you hear the statements, you must select the one statement that best describes what you see in the picture. Then find the number of the question on your answer sheet and mark your answer. The statements will not be printed in your test book and will be spoken only one time.

1

Ⓐ Ⓑ Ⓒ Ⓓ

2

Ⓐ Ⓑ Ⓒ Ⓓ

Housing / Building　Part 1

Unit 8

1 ||| 正解 ▶ **(B)**

スクリプト ▶
(A) They are both wearing helmets.
(B) They are looking at a document.
(C) The man is cutting some wood.
(D) The woman is standing in front of the man.

日本語訳 ▶
(A) 彼らは、2人ともヘルメットをかぶっています。
(B) 彼らは、文書を見ています。
(C) 男性は、木を切っています。
(D) 女性は、男の前に立っています。

解説 ▶
複数人物の写真。⇒リスニングの解法 ルール 5
左の男性だけがヘルメットをかぶっているので (A) は不正解です。
彼らは手元の文書を見ているので、正解は (B)。
(C) は不正解。背後に木が写っていますが、男性が木を切っているわけではありません。⇒リスニングの解法 ルール 6
2人は並んで立っているので、(D) も不正解。

Vocabulary ▶
□ document　名 文書・書類
□ in front of　～の前に、の面前で

---

2 ||| 正解 ▶ **(C)**

スクリプト ▶
(A) The man's climbing up the ladder.
(B) The man's drilling into the ceiling.
(C) The man's holding an electric tool.
(D) The man's washing the wall.

日本語訳 ▶
(A) 男性は、はしごを登っています。
(B) 男性は、天井に穴をあけています。
(C) 男性は、電動工具を持っています。
(D) 男性は、壁を洗っています。

解説 ▶
人物写真で1人にフォーカス。⇒リスニングの解法 ルール 1
(A) は「男性」も「はしご」も写真に見えますが、今、男性が上に向かって登っているのではないので不正解。⇒リスニングの解法 ルール 6
男性は天井ではなく、壁に穴をあけているので、(B) も間違いです。⇒リスニングの解法 ルール 2　男性は電動工具を持っているので (C) が正解となります。
写真に「壁」は見えますが、洗っているのではないので (D) も不正解。

Vocabulary ▶
□ climb　他 登る、よじ登る　　□ ladder　名 はしご
□ drill　他 穴をあける、反復練習させて教え込む　　□ ceiling　名 天井

《 145 》

Unit 8 Housing / Building

Part 2 応答問題

住宅の状態や、条件、会社の建物であれば、その場所や、仕事をする人たちの様子が話題になります。

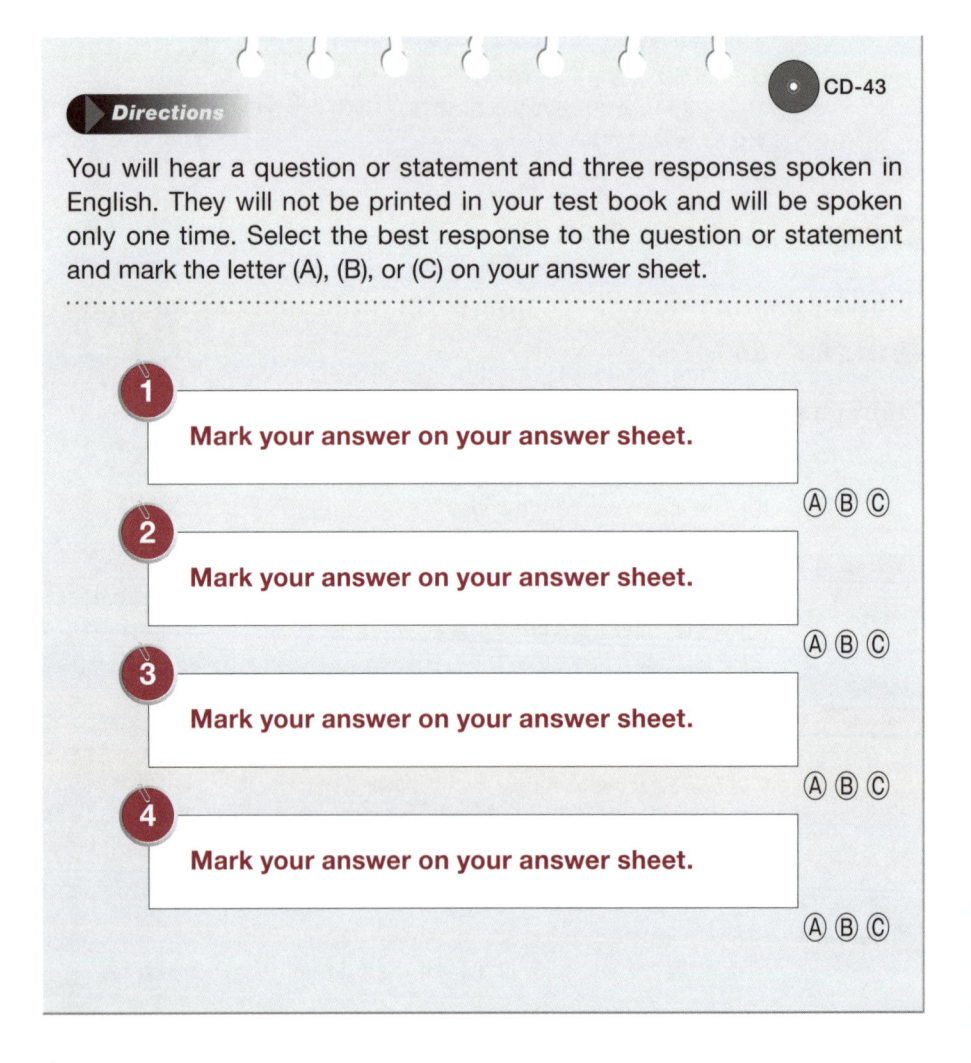

CD-43

Directions

You will hear a question or statement and three responses spoken in English. They will not be printed in your test book and will be spoken only one time. Select the best response to the question or statement and mark the letter (A), (B), or (C) on your answer sheet.

1. Mark your answer on your answer sheet. Ⓐ Ⓑ Ⓒ
2. Mark your answer on your answer sheet. Ⓐ Ⓑ Ⓒ
3. Mark your answer on your answer sheet. Ⓐ Ⓑ Ⓒ
4. Mark your answer on your answer sheet. Ⓐ Ⓑ Ⓒ

1 ⬛⬛⬛ 正解 ▶ (C)

スクリプト ▶ How many rooms does the apartment have?

(A) On the corner of main street.
(B) It's on the third floor.
(C) Three, I believe.

日本語訳 ▶ そのアパートには、部屋がいくつありますか？
(A) 大通りの角で。
(B) 3階にあります。
(C) 確か、3つです。

解説 ▶ 疑問詞で始まる疑問文。⇒ リスニングの解法 ルール 11
アパートの部屋の数を聞いています。
(A) は場所について答えているので不正解です。
(B) も「階」を答えていて、間違い。
数字を答えている (C) が正解です。

Vocabulary ▶ ☐ on the corner　その角で

---

2 ⬛⬛⬛ 正解 ▶ (A)

スクリプト ▶ Are you going to buy or rent your new home?

(A) The latter.
(B) It's near the station.
(C) No, he's not going there.

日本語訳 ▶ あなたはあなたの新しい家を買いますか、それとも借りますか。
(A) 後者です。
(B) それは駅に近いです。
(C) いいえ、彼はそこに行きません。

解説 ▶ A か B かどちら？ と聞かれる選択疑問文。⇒ リスニングの解法 ルール 19
Are you going to A or B ～？ の形をとり、家を買うのか、借りるのか聞いています。
「後者です」といってどちらか一つを選んでいる (A) が正解です。
(B) は it の指すものが何かがわからないうえ、意味が通じないので、間違いです。
(C) も不正解。No で始まり、一見答えているように見えますが、「彼はそこに行きません」と言っていて意味が通じないのに加え、he の指す人物が不明です。

Unit 8 Housing / Building

Part 2 応答問題

Vocabulary ▶
- rent 他 (家・土地などを) 賃貸する
- latter 形 後者、後者の、後ろのほうの、終わりの

---

③ 正解 ▶ **(C)**

スクリプト ▶ **This building has an elevator, doesn't it?**

 (A) I've lived here a long time.
 (B) The view is excellent.
 (C) Actually, it has two.

日本語訳 ▶ **この建物は、エレベーターがありますね？**
 (A) 私は、長い間ここに住んでいます。
 (B) 景色が素晴らしいです。
 (C) 実は、２つあります。

解説 ▶ 付加疑問文。⇒リスニングの解法 ルール17
この建物にエレベータがあることを確認しています。
(A) は不正解。「私は、長い間ここに住んでいます。」と言っていて、会話が自然に流れていません。
(B) は景色のことを言っていますが、建物や、エレベーターとの関連が明確でないので不正解です。
エレベーターが２つあると答えている (C) が正解となります。

Vocabulary ▶
- view 名 景色、眺め、見晴らし

4 正解 ▶ (B)

スクリプト ▶ **The front door is locked.**

(A) Close the door.
(B) Use my key.
(C) In the kitchen.

日本語訳 ▶ 玄関は鍵がかかっています。
(A) ドアを閉めてください。
(B) 私の鍵を使ってください。
(C) キッチンで。

解説 ▶ 平叙文に答える問題。⇒リスニングの解法 ルール22
玄関に鍵がかかっていることを伝えています。
 (A) は「ドアを閉めてください」と言っていますが、玄関のドアならばすでに閉まっているはずです。応答としても不適当なので不正解です。
玄関に鍵がかかっていることに対する解決策を述べている (B) が正解となります。
(C) は何について「キッチンで」と言っているのかがわからないので間違いです。

Vocabulary ▶ ☐ front door 名 玄関
☐ lock 他 鍵をかける

Best things are rarely easy!

最高のものが簡単であることはめったにありません！

Unit 8 Housing / Building

Part 3 会話文問題

CD-44

Directions

You will hear a conversation between two or more people. You will be asked to answer three questions about what the speakers say in the conversation. Select the best response to each question and mark the letter (A), (B), (C), or (D) on your answer sheet. The conversation will not be printed in your test book and will be spoken only one time.

1. Where does the conversation take place?
(A) At a real estate company
(B) At a market
(C) At a photography studio
(D) At a supermarket

2. Why does the man say, "I'm not able to"?
(A) He doesn't know how to operate a camera.
(B) He does not have enough money.
(C) He is not available to view a property.
(D) He cannot find a location on a map.

3. What will happen next?
(A) An e-mail will be sent.
(B) A contract will be signed.
(C) A price will be agreed.
(D) An owner will be contacted.

Housing / Building　Part 3

Unit 8

物件の話題では、その建物の状態や、不動産との契約内容なども出題の対象となります。

Questions 1 through 3 refer to the following conversation between three speakers.

スクリプト ▶

W1. ① **I'm sure you're going to love this property.** It only came on the market two days ago and ① **I'm sure it's going to sell quickly.**
M. Thanks for telling us about it. When do you think we can view it?
W1. ③ **I've spoken to the owner** and ② **he says that you can view the property later today, if that's good for you**.
M. Oh – er… ② **I'm not able to. Can you view it by yourself, Amanda?**
W2. Sure. Will it be OK if I bring my camera?
W1. ③ **I'll call him now to let him know we are coming and ask him about that.**

日本語訳 ▶

問題 1 から 3 は、次の 3 人の会話に関するものです。

W1. あなたがこの物件を好きになると確信しています。2 日前に市場に出てきたばかりで、それはすぐに売れることが確実です。
M. 話してくれてありがとうございます。我々はいつそれを見ることができると思いますか？
W1. 所有者と話をしましたが、彼は、もしあなた方がよければ、今日の遅くにその不動産を見ることができると言っています。
M. ああ、えーと…私はできません。1 人で見ることができますか、アマンダ？
W2. もちろんです。私がカメラを持って行ってもいいですか？
W1. 今、私が彼に電話をして、我々が行くことを知らせ、それについても聞いてみます。

Vocabulary ▶
☐ property 名 財産、所有物、土地（建物）
☐ view 他 見る、眺める

《 151 》

Unit 8 Housing / Building

Part 3 会話文問題

① ▌▌▌ 正解 ▶ (A)

スクリプト ▶ Where does the conversation take place?

   (A) At a real estate company
   → property から判断。
   (B) At a market
   (C) At a photography studio
   (D) At a supermarket

日本語訳 ▶ この会話はどこで行われていますか？
   (A) 不動産会社で
   (B) 市場で
   (C) 写真スタジオで
   (D) スーパーマーケットで

解説 ▶ 会話が行われている場所を聞かれています。冒頭で女性1が I'm sure you're going to love this property.（あなたがこの物件を好きになると確信しています。）と、不動産について語っていることと、I'm sure it's going to sell quickly.（それはすぐに売れることが確実です。）と、それが早く売れるだろうと話していることから、ここは不動産会社だとわかります。正解は (A) At a real estate company です。

Vocabulary ▶ □ take place 行われる □ real estate 名 不動産

---

② ▌▌▌ 正解 ▶ (C)

スクリプト ▶ Why does the man say, "I'm not able to"?
→この発言が聞こえた時には聞き逃がしていた、とならないように。

   (A) He doesn't know how to operate a camera.
   (B) He does not have enough money.
   (C) He is not available to view a property.
   →直前の you can view the property から判断。
   (D) He cannot find a location on a map.

日本語訳 ▶ 男性は、なぜ「私は無理です。」と言いましたか？
   (A) カメラの扱い方を知らないので。
   (B) 十分なお金を持っていないので。
   (C) 不動産を見ることができないので。
   (D) 場所を地図で見つけることができないので。

Housing / Building　Part 3

Unit 8

解説 ▶ 男性の発言について聞かれています。男性が I'm not able to.（私はできません。）と言ったのは、その前の女性1の発言 I've spoken to the owner and he says that you can view the property later today.（所有者と話をしましたが、彼は、今日の遅くにその不動産を見ることができると言いました。）を受けてのものです。所有者は不動産を見ることができると言っているのに、男性は「できません」といっています。したがって正解は (C) He is not available to view a property. となります。⇒リスニングの解法　ルール 26

Vocabulary ▶
□ operate　他 運転する、操縦する
□ available　形 利用できる、得られる、
□ location　名 位置、場所、所在地

---

3 ▍▍▍ 正解 ▶ **(D)**

スクリプト ▶ **What will happen next?**
→次に起こることを想像して話を聞くこと。

(A) An e-mail will be sent.
(B) A contract will be signed.
(C) A price will be agreed.
(D) An owner will be contacted.

日本語訳 ▶ **次に何が起こりますか？**
(A) 電子メールが送られる。
(B) 契約書にサインされる。
(C) 価格が同意される。
(D) 所有者と会う。

解説 ▶ 次に起こることは会話の最後のやりとりを聞くとわかることが多いです。
⇒リスニングの解法　ルール 28
女性1の最後の発言で、今から所有者に電話をして、「我々が行くことを知らせて、聞いてみます。」という意味で I'll call him now to let him know we are coming and ask him about that.（今、私が彼に電話をして、我々が行くことを知らせ、それについても聞いてみます。）と言っていて、女性1の2回目の発言で I've spoken to the owner（所有者と話をしました。）と言っているので him は the owner だとわかり、(D) An owner will be contacted. が正解になります。

Vocabulary ▶
□ sign　他 署名する、記名調印する
□ agreed　形 一致した、同意して
□ contact　他 (人と) 連絡をとる、(〜と) 会う

Unit 8 Housing / Building

Part 4 説明文問題

(1回目)　(2回目)

CD-45

Directions

You will hear a talk given by a single speaker. You will be asked to answer three questions about what the speaker says in the talk. Select the best response to each question and mark the letter (A), (B), (C), or (D) on your answer sheet. The talk will not be printed in your test book and will be spoken only one time.

1

Where does the talk take place?
- (A)　At a restaurant
- (B)　At a store
- (C)　At a gift shop
- (D)　At a museum

Ⓐ Ⓑ Ⓒ Ⓓ

2

What is the problem?
- (A)　A venue is hot.
- (B)　An alarm is broken.
- (C)　A door is locked.
- (D)　An exhibit is damaged.

Ⓐ Ⓑ Ⓒ Ⓓ

3

What is available on the 3rd floor?
- (A)　A view of the city
- (B)　A free beverage
- (C)　A replacement key
- (D)　A portable fan

Ⓐ Ⓑ Ⓒ Ⓓ

Housing / Building　Part 4

Unit 8

> 建物の案内では、ここは何の建物か、また話し手から聞き手への注意事項は何か、が典型的な設問となります。

Questions 1 through 3 refer to the following radio broadcast.

スクリプト ▶ Good morning everyone. In about 30 minutes we will open the doors to the public for the first day of ① **our two-month exhibition on local history**. Before we begin, I'd like to go over the following points. First, it is likely that visitors are going to notice that ① **the museum** ② **is quite hot and stuffy today**. Unfortunately, ② **the air conditioning system broke down** yesterday afternoon and the technicians are currently working to get it fixed. They should be done by around 10:00 A.M. Also, ③ **the restaurant will be providing complimentary water** to visitors so ② **if anyone says they are too hot**, ③ **direct them to the 3rd floor**. Thanks.

日本語訳 ▶ 問題 1 から 3 は、次の話に関するものです。

皆さん、おはようございます。あと約 30 分で、我々は、2 ヵ月間の地方史展示会の初日へと一般客にドアを開けます。始める前に、以下の点を点検したいと思います。最初に、訪問客が、今日は博物館がとても暑くて息が詰まると思うでしょう。残念なことに、空気調節システムは昨日の午後壊れてしまいました。そして、技術者がそれを修理するために現在作業しています。彼らは午前 10 時頃までに終えるはずです。そしてまた、レストランは無料の飲料水を訪問客に提供しているので、誰かがあまりに暑いと言ったら、彼らを 3 階へご案内してください。ありがとうございます。

Vocabulary ▶
- □ the public　一般客、一般人
- □ exhibition　名 展示会
- □ go over　～を点検する、～を調べる、～を下見する
- □ notice　他 気がつく
- □ stuffy　形 息が詰まる、風通しの悪い、むっとする
- □ unfortunately　副 残念ながら
- □ technician　名 専門家、技術家
- □ fix　他 修理する、直す、固定する
- □ provide　他 提供する、供給する、与える
- □ complimentary　形 招待の、無料の
- □ direct　他 指導する、指示する、命令する、道を教える

Unit 8　**Housing / Building**

Part 4　説明文問題

1 正解 ▶ (D)

スクリプト ▶ Where does the talk take place?
　→どこで話されているのか聞かれている。
(A) At a restaurant
(B) At a store
(C) At a gift shop
(D) At a museum
　→ exhibition, museum から判断。

日本語訳 ▶ この話はどこで行われていますか？
(A) レストランで　(B) お店で　(C) ギフトショップで　**(D) 博物館で**

解説 ▶ この話はどこで行われているか聞かれています。2文目の In about 30 minutes we will open the doors to the public for the first day of our two-month exhibition on local history.（あと約30分で、我々は、2ヵ月間の地方史展示会の初日へと一般客にドアを開けます。）で、2ヵ月間に渡る展示会の初日を迎えることがわかり、4文目の途中から the museum is quite hot and stuffy today.（今日は博物館がとても暑くて息が詰まる）と、この博物館が暑いと言っています。正解は (D) At a museum となります。

Vocabulary ▶ □ take place　起こる、行われる

---

2 正解 ▶ (A)

スクリプト ▶ What is the problem?

(A) A venue is hot.
　→ quite hot and stuffy
　→ if anyone says they are too hot から判断。
(B) An alarm is broken.
(C) A door is locked.
(D) An exhibit is damaged.

日本語訳 ▶ 何が問題ですか？
(A) 会場が暑いこと。
(B) 警報は壊れていること。
(C) ドアがロックされていること。
(D) 展示品が損害を受けていること。

解説 ▶ 問題が何か聞かれています。4文目の the museum is quite hot and stuffy today.（今日は博物館がとても暑くて息が詰まる）で、この博物館の暑くて息が詰まると言っていて、7文目にも Also, the restaurant will be providing complimentary water to visitors so if anyone says they are too hot,（そしてまた、レストランは無料の飲料水を訪問客に提供しているので、誰かがあまりに暑いと言ったら、）と、「誰かが暑すぎると言ったら」などの描写があり、正解は「会場が暑い」という意味の (A) A venue is hot. です。

Vocabulary ▶
- venue 名 会合場所、開催地
- exhibit 名 展示品、陳列品
- damage 他 害する、傷つける

---

3 正解 ▶ **(B)**

スクリプト ▶ What is available on the 3rd floor?
→設問の先読みで、3階について聞かれるとわかる。

(A) A view of the city
(B) A free beverage
  → complimentary water の言い換え。
(C) A replacement key
(D) A portable fan

日本語訳 ▶ 3階では、何が利用可能ですか？
(A) 都市の眺め　　　**(B) 無料の飲み物**
(C) 鍵の交換　　　　(D) 携帯用扇風機

解説 ▶ 設問の先読みにより、必ず「3階」に関する描写が出てくると思って、心の準備をして聞きましょう。⇒リスニングの解法 ルール24
7文目の最後、~ direct them to the 3rd floor.（彼らを3階へご案内してください。）が聞こえた時にはすでに前半で、3階に関する情報は流れています。普段から、聞いた英文をどれだけ頭にイメージできているかがポイントです。7文目の前半から、Also, the restaurant will be providing complimentary water to visitors so if anyone says they are too hot, direct them to the 3rd floor.（そしてまた、レストランは無料の飲料水を訪問客に提供しているので、誰かがあまりに暑いと言ったら、彼らを3階へご案内してください。）と言っていて、レストランでは無料の飲料水を提供していて、その場所は3階だとわかるので、「無料の飲料水」を言い換えた (B) A free beverage が正解です。

Vocabulary ▶
- available 形 利用できる
- beverage 名 飲み物、飲料
- replacement 名 取り替え、交換
- portable 形 持ち運びできる、携帯用の

Unit 9 Seminar / Meeting

Part 1　写真描写問題

セミナーや、会議の写真では、テーブルや椅子が目に入ります。複数人物に共通する動作が正解になることもあるので、誰が何をしているかに注意しましょう。

CD-46

Directions

For each question in this part, you will hear four statements about a picture in your test book. When you hear the statements, you must select the one statement that best describes what you see in the picture. Then find the number of the question on your answer sheet and mark your answer. The statements will not be printed in your test book and will be spoken only one time.

1.

Ⓐ Ⓑ Ⓒ Ⓓ

2.

Ⓐ Ⓑ Ⓒ Ⓓ

Seminar / Meeting　Part 1

Unit 9

① 正解 ▶ (B)

スクリプト ▶
(A) All of the people are standing.
(B) A bag has been placed on the table.
(C) One of the men is drinking coffee.
(D) All of the men are wearing glasses.

日本語訳 ▶
(A) 人々は全員、立っています。
(B) カバンは、テーブルの上に置かれています。
(C) 男性の 1 人は、コーヒーを飲んでいます。
(D) 男性は全員、眼鏡をかけています。

解説 ▶ 複数人物の写真。⇒リスニングの解法 ルール 5
左から 2 番目の女性が立っているだけなので、(A) は不正解。
テーブルの上にバッグが 1 つ置かれているので、(B) が正解です。
(C) は間違い。テーブルの上にコーヒーカップのようなものが置かれていますが、コーヒーを飲んでいる人は 1 人もいません。⇒リスニングの解法 ルール 6
(D) も不正解。眼鏡をかけている男性は一番右の 1 人だけです。

Vocabulary ▶
☐ place 他 置く、据える

---

② 正解 ▶ (B)

スクリプト ▶
(A) The books are arranged on a shelf.
(B) The people are reading something.
(C) The people are looking at each other.
(D) The books are stacked in a pile.

日本語訳 ▶
(A) 本は棚に並べられています。
(B) 人々は、何かを読んでいます。
(C) 人々は、お互いを見ています。
(D) 本が山積みに積み重ねられています。

解説 ▶ 複数人物の写真。⇒リスニングの解法 ルール 5, 6
人々が手に本を持っていますが、棚に並べられているのではないので (A) は間違いです。
人々が何かを読んでいるので、(B) が正解。
(C) は不正解。人々の視線はお互いではなく、手元に向けられています。
本は山積みに積み重ねられていないので、(D) も不正解となります。

Vocabulary ▶
☐ arrange 他 整える、配列する、
☐ shelf 名 棚
☐ stack 他 積み重ねる
☐ pile 名 山、積み重ね、大量

Unit 9 Seminar / Meeting

Part 2 応答問題

会議の日程や、部屋のセッティングなど、オフィスならではの日常会話が繰り広げられます。

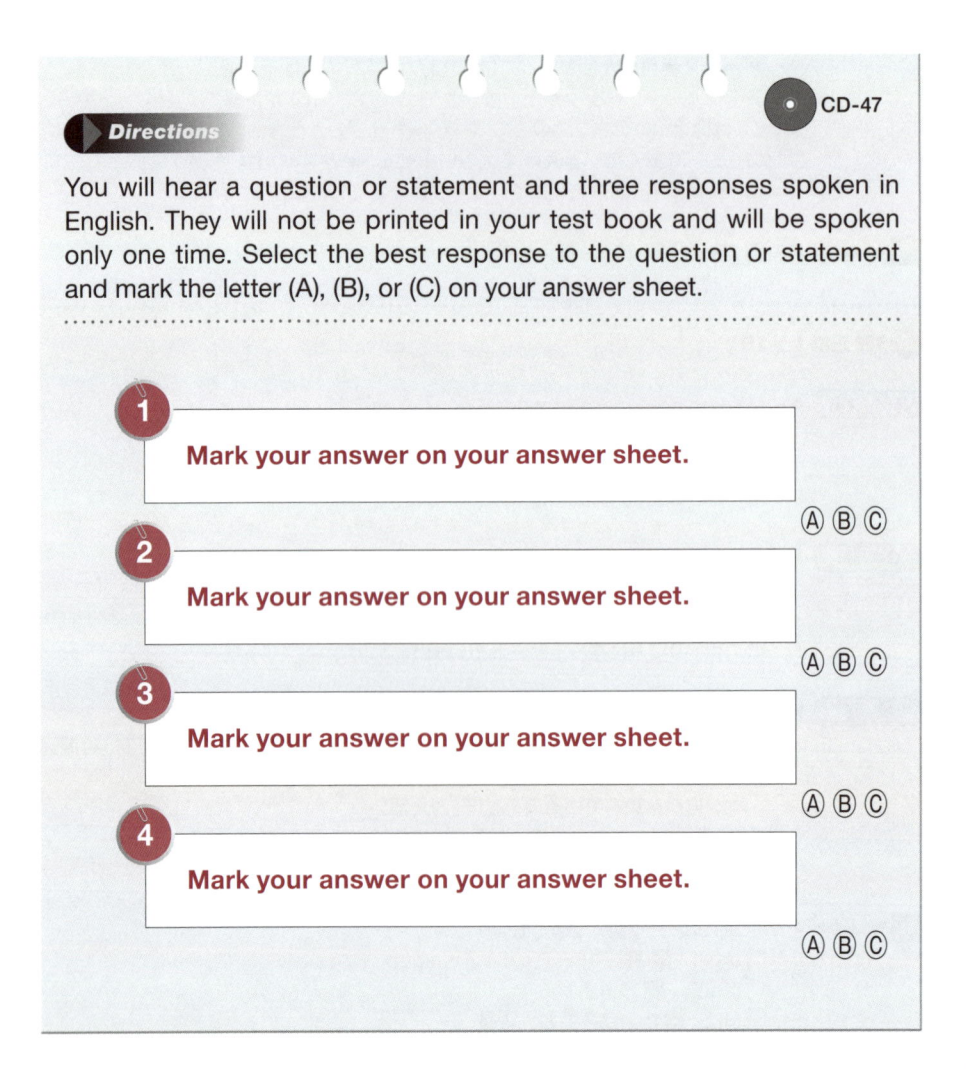

CD-47

Directions

You will hear a question or statement and three responses spoken in English. They will not be printed in your test book and will be spoken only one time. Select the best response to the question or statement and mark the letter (A), (B), or (C) on your answer sheet.

1. Mark your answer on your answer sheet. Ⓐ Ⓑ Ⓒ
2. Mark your answer on your answer sheet. Ⓐ Ⓑ Ⓒ
3. Mark your answer on your answer sheet. Ⓐ Ⓑ Ⓒ
4. Mark your answer on your answer sheet. Ⓐ Ⓑ Ⓒ

Seminar / Meeting **Part 2**

Unit 9

① 正解 ▶ (C)

スクリプト ▶ How long is the workshop?

(A) It doesn't work.
(B) With Mr. Taylor.
(C) About an hour.

日本語訳 ▶ そのワークショップは、どれくらいの時間かかりますか？
(A) それは、うまく動きません。
(B) テイラーさんとです。
(C) 約 1 時間。

解 説 ▶ 疑問詞で始まる疑問文。⇒リスニングの解法 ルール 11
ワークショップにかかる時間を聞いています。
(A) は意味が通じませんので、不正解。設問の workshop は「ワークショップ」という意味の名詞ですが、設問内の work と同じ音を使ったひっかけです。ここでの (A) の work は「動く、具合よくいく」の意味の動詞として使われています。
(B) も「テイラーさんとです」と答えていて、時間について触れていないので不正解となります。時間を答えている (C) が正解です。

Vocabulary ▶ □ work 動 動く、具合よくいく

---

② 正解 ▶ (A)

スクリプト ▶ I think we need more chairs for the meeting.

(A) How many do we need?
(B) I'll chair the meeting.
(C) No, it's made of wood.

日本語訳 ▶ 我々は、会議のためにもっと多くの椅子が必要だと思います。
(A) 我々は、どれだけ必要ですか？
(B) 私は、会議の議長を務めます。
(C) いいえ、それは木でできています。

解 説 ▶ 平叙文に答える問題。⇒リスニングの解法 ルール 21, 22
会議のためにもっと椅子が必要だと意見を述べています。
(A) が正解です。椅子が必要だとの意見を受けて、「どれだけ必要ですか？」と質問で返していますが、会話が自然に流れているため、正解となります。
(B) は間違い。設問の chairs は「椅子」の意味の名詞、(B) では chair は動詞の「議長を務める」の意味で使われています。設問内にある単語と同じ単語で、違う意味の単語を使うことによるひっかけです。
素材について答えている (C) も意味が通じないため、不正解です。

Unit 9 **Seminar / Meeting**

Part 2 応答問題

Vocabulary ▶ □ chair 他 議長を務める、椅子に座らせる
□ made of ～ （～で）できている、～製の

---

3 正解 ▶ **(B)**

スクリプト ▶ **Would you like to present first or should I?**

(A) In the first row.
(B) You can choose.
(C) A small present.

日本語訳 ▶ **あなたが最初に発表したいですか、それとも、私がしますか？**
(A) 一番前の列で。
(B) あなたが選んでいいですよ。
(C) 小さなプレゼントです。

解説 ▶ **AかBかどちら？と聞かれる選択疑問文。** ⇒リスニングの解法 ルール20
Would you like ～ ? の形をとり、相手が先に発表するか、自分がするか意見を聞いています。
(A) は設問と同じ first が使われていますが、「一番前の列で」では会話が成立していないので不正解です。
「あなたが選んでいいですよ。」と答えている (B) が正解です。
(C) は不正解。設問の present は「発表する」の意味の動詞で使われていますが、(C) はこれを「プレゼント」の意味の名詞で使っています。

Vocabulary ▶ □ present 他 示す、提示する、発表する

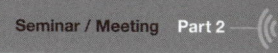

4 正解 ▶ (B)

スクリプト ▶ Why don't we print the agenda now?

(A) Because it's a new route.
(B) We can't. It's not ready yet.
(C) The printer is on sale today.

日本語訳 ▶ 我々は議事日程を印刷しませんか？（しましょうよ）
(A) それが新しいルートだからです。
(B) できません。まだ準備ができていませんから。
(C) そのプリンターは、今日、セールです。

解説 ▶ 提案 / 依頼 / 勧誘の表現のパターン。
Why don't we ~？で始まる勧誘、提案の表現です。「新しい議事日程を印刷しましょう」と提案しています。
Why don't we ~？の提案表現に Because ~で答えている、典型的な間違い選択肢です。⇒リスニングの解法 ルール16
理由を述べる必要はなく、「新しいルートだからです。」では、議事日程を印刷しようという提案に応答していないので、(A) は不正確です。
(B) は「まだできません」と答えているので正解となります。
(C) は間違い。設問の print「印刷する」と語尾の異なる printer「プリンター」を用いていますが、会話が自然に流れていません。

Vocabulary ▶
- agenda 名 協議事項、議事日程、予定表
- route 名 ルート、道
- on sale セールの、特価の

Focus!

集中しましょう！

Unit 9 Seminar / Meeting

Part 3 会話文問題

Directions

You will hear a conversation between two or more people. You will be asked to answer three questions about what the speakers say in the conversation. Select the best response to each question and mark the letter (A), (B), (C), or (D) on your answer sheet. The conversation will not be printed in your test book and will be spoken only one time.

1. What are the speakers discussing?
(A) The topic of a seminar
(B) The profile of a trainer
(C) The length of a workshop
(D) The setting up of a venue

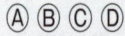

2. Why does the man say, "Oh, that's more than usual"?
(A) A large number of questions were asked.
(B) The price of a seminar is expensive.
(C) The number of attendees is high.
(D) A presentation will be long.

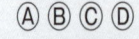

3. Why does the man decline the woman's offer?
(A) He cannot afford the price.
(B) He can do a task by himself.
(C) He will be out of town.
(D) He isn't interested in the topic.

Seminar / Meeting **Part 3**

Unit 9

3人の会話の場合、今までよりもさらに、話し手たちの置かれている状況を頭に想像しながら会話文を聞き、スピードについていくようにしましょう。

Questions 1 through 3 refer to the following conversation between three speakers.

スクリプト ▶

W1. John, ① **can you set up the room for the seminar** this afternoon?
M. Sure. ① **Which room** are you using and ① **how many chairs** do you need?
W1. Room 27. ② **Mary, how many people are coming?**
W2. ② **Around 25.**
M. ② **Oh, that's more than usual.**
W1. ① **We'll also need a projector** and that's in Room 18 at the moment so you'll need to fetch it from there.
W2. ③ **I'll give you a hand.**
M. Hmm… ③ **It's OK. I can manage it**.

日本語訳 ▶

問題1から3は、次の3人の会話に関するものです。

W1. ジョン、今日の午後、セミナーのために部屋を準備することができますか？
M. もちろんです。どの部屋を使う予定で、どれくらいの椅子が必要ですか？
W1. 27号室です。メアリー、何人の人が来ますか？
W2. 約25名です。
M. ああ、それはいつもより多いですね。
W1. プロジェクターも必要で、それは今18号室にあるので、それをとってくる必要があります。
W2. 私が手伝います。
M. うーん、大丈夫です。自分でできます。

Vocabulary ▶
- set up　用意する、準備する
- fetch　他 とってくる、(人を) 呼んでくる
- give ~ a hand　~を手伝う
- manage　他 どうにかして~する、都合をつける、上手に扱う

Unit 9 Seminar / Meeting

Part 3 会話文問題

1 正解 ▶ (D)

スクリプト ▶ **What are the speakers discussing?**

(A) The topic of a seminar
(B) The profile of a trainer
(C) The length of a workshop
(D) The setting up of a venue
　→女性1の3回目の発言まで聞いて確実な正解を選ぶ。

日本語訳 ▶ **話し手は、何を話し合っていますか？**
(A) セミナーの話題
(B) トレーナーのプロフィール
(C) ワークショップの長さ
(D) 会場を準備すること

解説 ▶ 新形式の、3人での会話です。
話し手が何について話しているかが聞かれています。
女性1が冒頭でセミナーの部屋を準備できるか聞いています。それに対して男性は Which room are you using and how many chairs do you need?（どの部屋を使う予定で、どれくらいの椅子が必要ですか？）と、どの部屋を使うかについて聞き返しているので、正解は「会場を準備すること」の意味の (D) The setting up of a venue に絞れます。

Vocabulary ▶ □ trainer 名 トレーナー、調教師、訓練者
□ length 名 長さ　□ venue 名 開催地、会合場所

---

2 正解 ▶ (C)

スクリプト ▶ **Why does the man say, "Oh, that's more than usual"?**
　→この発言が聞こえた時には聞き逃していた、とならないように。

(A) A large number of questions were asked.
(B) The price of a seminar is expensive.
(C) The number of attendees is high.
(D) A presentation will be long.

Seminar / Meeting　Part 3

Unit 9

日本語訳 ▶ **男性は、なぜ「ああ、それはいつもより多いです。」と言っていますか？**
(A) 質問が多くされたこと。
(B) セミナーの価格が高価なこと。
(C) 出席者の数が多いこと。
(D) プレゼンテーションが長いだろうこと。

解説 ▶ 男性の2回目の発言で Oh, that's more than usual（それはいつもより多いですね）と言っています。何が多いかというのは前の発言を覚えていればわかります。女性2の最初の発言、Around 25.（約25名です。）というのはセミナーに来る人数のことなので、「出席者数」を表す (C) The number of attendees is high. が正解となります。⇒リスニングの解法　ルール26

Vocabulary ▶ □ attendee　名 出席者

・・

3 ▮▮▮ 正解 ▶ **(B)**

スクリプト ▶ **Why does <u>the man decline the woman's offer</u>?**
　　　　　　　→設問の先読みで、男性が女性の提案を断ったことがわかる。

(A) He cannot afford the price.
(B) He can do a task by himself.
　　→会話内の can manage it の言い換え。
(C) He will be out of town.
(D) He isn't interested in the topic.

日本語訳 ▶ **男性は、なぜ女性の申し出を断りましたか？**
(A) その価格を払えないため。
(B) 1人で仕事をすることができるため。
(C) 町の外にいるため。
(D) その話題に興味を持っていないため。

解説 ▶ 設問を先読みしただけで、男性が女性の申し出を断ることがあらかじめわかっています。
女性2の後半の I'll give you a hand.（私が手伝います。）の申し出に対して、男性は最後の発言で Hmm...It's OK. I can manage it.（うーん、大丈夫です、自分でできます）と断っているので、正解は「男性は仕事を自分でできます」の意味の (B) He can do a task by himself. が正解となります。
⇒リスニングの解法　ルール24

Vocabulary ▶ □ decline　自 断る、辞退する
□ offer　名 申し出、提案
□ afford　他 買う余裕がある、（金・時間などに）余裕がある
□ task　名 仕事、務め

Unit 9 Seminar / Meeting

Part 4 説明文問題

CD-49

Directions

You will hear a talk given by a single speaker. You will be asked to answer three questions about what the speaker says in the talk. Select the best response to each question and mark the letter (A), (B), (C), or (D) on your answer sheet. The talk will not be printed in your test book and will be spoken only one time.

1. Who is the intended audience for the talk?
(A) Doctors
(B) Journalists
(C) Farmers
(D) Lawyers

2. How many years has the conference been running?
(A) 3 years
(B) 7 years
(C) 13 years
(D) 15 years

3. What does the speaker mean when he says, "I can hardly believe it myself"?
(A) A business transformed itself quickly.
(B) An audience is smaller than expected.
(C) A presentation was highly successful.
(D) An interview was reported internationally.

Seminar / Meeting　Part 4

Unit 9

会議の 1 人の発表形式によるスピーチでは、スピーカーが自分や専門分野について話すパターンと、司会者として、他の人物を紹介するパターンがあります。

Questions 1 through 3 refer to the following radio broadcast.

スクリプト ▶ I am delighted to see such a large turnout for my presentation ② **here at the 13th annual ① farmer's conference**. This is actually my first time to present here despite this being my 7th year of attendance. Today, I'd like to tell you about ③ **how I managed to turn ① my farm ③ from loss-making into a profitable business in only three years. I can hardly believe it myself.** ① **As farmers, we** have dealt with many things over the past 15 years such as crop disease and falling milk prices. So, let me begin my presentation by telling you about my farm.

日本語訳 ▶ 問題 1 から 3 は、次の話に関するものです。

この第 13 回の年次農民会議において、私のプレゼンテーションでこのような大勢の出席者の方々にお会いできてうれしいです。実は、これが 7 回目の出席にもかかわらず、初めてここでお話します。今日は、私がどのようにして自分の農場を、赤字からわずか 3 年で利益のある事業へと転換したかについて、皆様にお話したいと思います。自分自身でもそれがほとんど信じられません。農民として、我々は過去 15 年間、作物病害や下落する牛乳価格のような、多くのことに対処してきました。それでは、私の農場についてお話することから、プレゼンテーションを始めさせてください。

Vocabulary ▶
- □ delight　他 うれしがらせる、喜ばせる
- □ turnout　名（集会などの）出席者、生産高
- □ annual　形 年次の
- □ despite　前 ～にもかかわらず
- □ attendance　名 出席、参会、出勤
- □ loss-making　名 赤字、不採算
- □ profitable　形 利益のある、もうかる、有益な
- □ hardly　副 ほとんど～でない
- □ deal with ～　～と取引する、対処する、扱う
- □ crop disease　名 作物病害

Unit 9 **Seminar / Meeting**

Part 4 説明文問題

1 正解 ▶ (C)

スクリプト ▶ <u>Who</u> is the intended audience <u>for</u> the talk?
　　→誰に向けて話されているのか聞かれている。
(A) Doctors
(B) Journalists
(C) Farmers
　→ farmer's conference, my farm, As farmers から判断。
(D) Lawyers

日本語訳 ▶ この話の観衆はおそらく誰ですか？
(A) 医者
(B) ジャーナリスト
(C) 農民
(D) 弁護士

解説 ▶ 観衆が誰か聞かれています。この話が誰に向けられたものかを考えると、冒頭から I am delighted to see such a large turnout for my presentation here at the 13th annual farmer's conference（この第13回の年次農民会議で、私のプレゼンテーションでこのような大勢の出席者の方々にお会いできてうれしいです。）と言っていることから、農場で働く人々のための会議であることがわかります。正解は (C) Farmers です。

Vocabulary ▶ □ intended　形 意図された、予定された

---

2 正解 ▶ (C)

スクリプト ▶ <u>How many years</u> has the conference been running?
　→何年間か、数字に注目。
(A) 3 years
(B) 7 years
(C) 13 years
(D) 15 years

日本語訳 ▶ この会議は、何年続いていますか？
(A) 3年
(B) 7年
(C) 13年
(D) 15年

Seminar / Meeting Part 4

Unit 9

解説 ▶ 会議が何年続いているものか聞かれています。冒頭の1文目後半に〜 here at the 13th annual farmer's conference（この第13回の年次農民会議）とあるのでこの会議は13年目のものです。したがって (C) 13 years が正解となります。

Vocabulary ▶ ☐ run 圓 継続する、経過する

---

3 ■■■ 正解 ▶ **(A)**

スクリプト ▶ **What does the speaker mean when he says, "I can hardly believe it myself"?**
→この発言が聞こえた時には、聞き逃していた、とならないように。

(A) A business transformed itself quickly.
　→ turn my farm from loss-making into a profitable business in only three years の言い換え。
(B) An audience is smaller than expected.
(C) A presentation was highly successful.
(D) An interview was reported internationally.

日本語訳 ▶ 彼が「私は、自分自身でもそれがほとんど信じられません。」と言った時、話し手は何を意味していますか？
(A) ビジネスが、素早く形を変えたこと。
(B) 観衆が、期待していたより少ないこと。
(C) プレゼンテーションが、非常に成功したこと。
(D) インタビューが、国際的に伝えられたこと。

解説 ▶ 話し手の意図を聞かれています。4文目にある I can hardly believe it myself.（自分自身でもそれがほとんど信じられません。）はその前の文の内容を受けたものです。Today, I'd like to tell you about how I managed to turn my farm from loss-making into a profitable business in only three years.（今日は、私がどのようにして自分の農場を、赤字からわずか3年で利益のある事業へと転換したかについて、皆様にお話したいと思います。）より、自分の農場をわずか3年で変えたことを指しているので、正解は「ビジネスが素早く形を変えた」を意味する (A) A business transformed itself quickly. です。⇒リスニングの解法　ルール30

Vocabulary ▶ ☐ transform 他 変形させる、変える、変換する
☐ than expected 期待していたよりも
☐ highly 副 ほとんど〜ない
☐ report 他 〜を知らせる
☐ internationally 副 国際的に

171

Unit 10 Health

Part 1　写真描写問題

健康に関するトピックでは、医師や看護師と思われれる人物が何をしているかに注意しましょう。

CD-50

Directions

For each question in this part, you will hear four statements about a picture in your test book. When you hear the statements, you must select the one statement that best describes what you see in the picture. Then find the number of the question on your answer sheet and mark your answer. The statements will not be printed in your test book and will be spoken only one time.

1

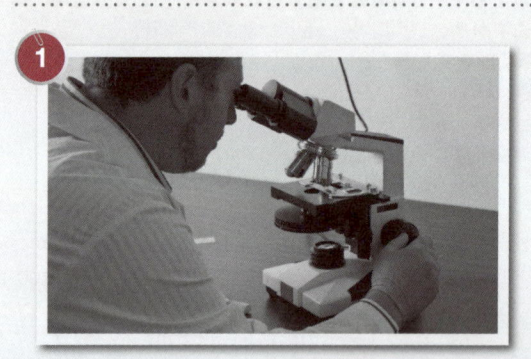

Ⓐ Ⓑ Ⓒ Ⓓ

2

Ⓐ Ⓑ Ⓒ Ⓓ

Health　Part 1

Unit 10

1 正解 ▶ **(B)**

スクリプト ▶
(A) He's using a microphone.
(B) He's holding the microscope.
(C) He's examining his gloves.
(D) He's pointing at the table.

日本語訳 ▶
(A) 彼は、マイクを使っています。
(B) 彼は、顕微鏡をつかんでいます。
(C) 彼は、手袋を調べています。
(D) 彼は、テーブルを指さしています。

解説 ▶ **人物写真で 1 人にフォーカス。** ⇒リスニングの解法 ルール 1, 2
(A) の microphone は「マイク」の意味です。正解の microscope に似た音の単語で誤答を誘っています。彼はマイクを使っていないので不正解です。
⇒リスニングの解法 ルール 21
彼は顕微鏡をつかんでいるので、(B) が正解です。
写真に「手袋」が見えますが、手袋を調べているのではないので (C) は間違いです。
(D) も不正解。写真に「テーブル」が見えますが、彼が指を指してはいません。

Vocabulary ▶
☐ microscope 名 顕微鏡
☐ examine 他 調査する、調べる
☐ point 他 (〜を) 指す

---

2 正解 ▶ **(B)**

スクリプト ▶
(A) They are both pointing at something.
(B) Buildings are visible in the distance.
(C) The harbor is crowded with boats.
(D) They are holding their helmets.

日本語訳 ▶
(A) 彼らは、2 人とも何かを指しています。
(B) 建物は、遠くに見えます。
(C) 港は、ボートでいっぱいです。
(D) 彼らは、ヘルメットを持っています。

解説 ▶ **複数人物の写真。** ⇒リスニングの解法 ルール 6
向かって左の女性のみが何かを指しているので (A) は間違いです。建物が人物の後方、遠くに見えるので (B) が正解です。(C) は不正解。港は遠くのほうまで穏やかで、ボートでいっぱいの様子はありません。彼らはヘルメットを持っているのではなく、頭にかぶっているので、(D) も不正解となります。

Vocabulary ▶
☐ visible 形 目に見える、明らかな
☐ in the distance 遠いところに、遠くに、遥かに　　☐ harbor 名 港

173

Unit 10 Health

Part 2 応答問題

健康に関するトピックでは、病院への行き方、治療の方法などが話題になることが多いです。

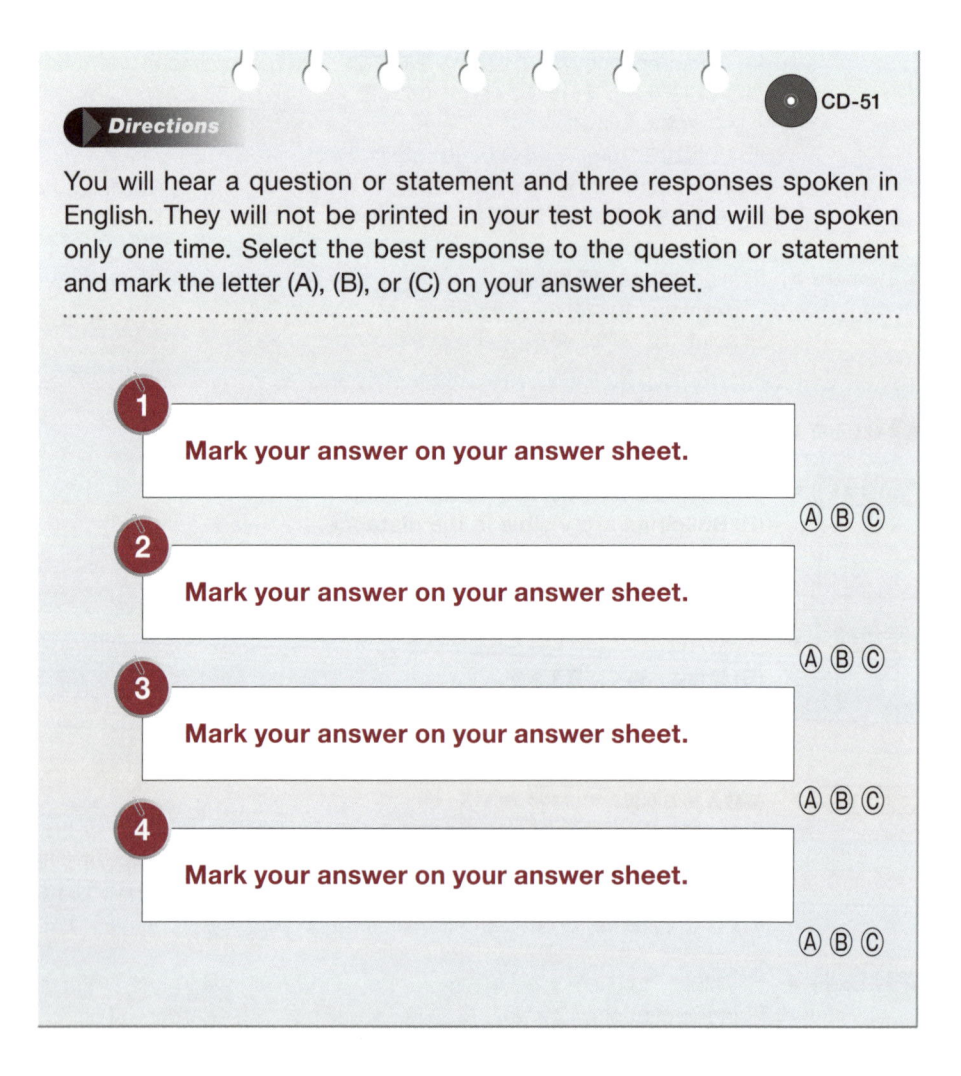

CD-51

Directions

You will hear a question or statement and three responses spoken in English. They will not be printed in your test book and will be spoken only one time. Select the best response to the question or statement and mark the letter (A), (B), or (C) on your answer sheet.

1 Mark your answer on your answer sheet. Ⓐ Ⓑ Ⓒ

2 Mark your answer on your answer sheet. Ⓐ Ⓑ Ⓒ

3 Mark your answer on your answer sheet. Ⓐ Ⓑ Ⓒ

4 Mark your answer on your answer sheet. Ⓐ Ⓑ Ⓒ

Health　Part 2

Unit 10

1 ▸ 正解 ▸ **(A)**

スクリプト ▸ **Where is the nearest hospital?**

(A) It's on Bridge Road.
(B) On June 22.
(C) The hospitality is friendly.

日本語訳 ▸ **最も近い病院はどこにありますか？**
(A) それはブリッジ・ロードにあります。
(B) 6月22日に。
(C) おもてなしは友好的です。

解説 ▸ **疑問詞で始まる疑問文。** ⇒リスニングの解法 ルール 11
最も近い病院はどこかと「場所」を聞いています。
「ブリッジ・ロードにあります」と場所を答えているので、(A) が正解です。
(B) は日付を答えているので、不正解。
(C) は設問の hospital「病院」に発音の似た hospitality「もてなし」を用いて誤答を誘っています。 ⇒リスニングの解法 ルール 21

Vocabulary ▸ □ hospitality 名 暖かいおもてなし、厚遇、歓待

---

2 ▸ 正解 ▸ **(B)**

スクリプト ▸ **Would you like me to pick up your prescription?**

(A) Once a day.
(B) That'd be great.
(C) I picked the third one.

日本語訳 ▸ **私にあなたの処方薬をとってきてほしいですか？**
(A) 日に一度。
(B) それは素晴らしい。
(C) 私は、3番目を選択しました。

解説 ▸ **提案 / 依頼 / 勧誘の表現パターン。** ⇒リスニングの解法 ルール 15
Would you like ～？で始まる勧誘、提案の表現です。処方薬をとってきてほしいかどうか聞いています。
頻度を答えている (A) は不正解です。薬を飲む頻度について言っていると勝手に想像して、早とちりしないようにしましょう。
「それは素晴らしい。」と同意を示している (B) が正解となります。
(C) は間違い。設問の pick と同じ語を使って誤答を誘っていますが、会話が自然に流れていないので不正解です。

175

Unit 10 Health

Part 2 応答問題

Vocabulary
- ☐ pick up　途中で受け取っていく、拾う
- ☐ prescription　名 処方箋、処方薬
- ☐ pick　他 選ぶ

3　正解 ▶ (B)

スクリプト ▶ Do you want to make an appointment this morning or this afternoon?

(A) I was appointed by the board of directors.
(B) The sooner, the better.
(C) Yes, I want to make it.

日本語訳 ▶ 約束をするのは朝がいいですか、それとも今日の午後がいいですか？
(A) 私は、取締役会によって任命されました。
(B) 早いほどよいです。
(C) はい、うまくいきたいです。

解説 ▶ AかBかどちら？ と聞かれる選択疑問文。⇒リスニングの解法　ルール19
Do you want ～？ の形をとり、約束をするのは朝がいいか、午後がいいかについて聞いています。
(A) は不正解。設問の appointment は名詞の「予約」ですが、これを動詞の受け身 appointed を使っています。音が似ているからと言ってマークしないように注意しましょう。⇒リスニングの解法　ルール21
「早ければ早いほどいいです」と、暗に午前がいいと答えているので (B) が正解です。
(C) は何についてうまく成し遂げたいのかがわからないので不正解となります。

Vocabulary
- ☐ appoint　他 指名する、任命する
- ☐ the board of directors　取締役会、理事会、重役会議
- ☐ The sooner　早ければ早いほど
- ☐ make it　成功する、間に合う、うまくやり遂げる

4 正解 ▶ **(A)**

スクリプト ▶ **The medicine is very effective, isn't it?**

(A) It sure is.
(B) A medical report.
(C) The venue has changed.

日本語訳 ▶ その薬は、とても効果的ですよね？
(A) 確かにそうです。
(B) 医学レポートです。
(C) 会場は変わりました。

解説 ▶ 付加疑問文。⇒リスニングの解法　ルール18
この薬が効果的であることを確認しています。
(A) は It が薬を指していて、「それは、そうです（効果的です）」と答えているので正解となります。
(B) は間違い。設問の medicine は「薬」の意味の名詞、medical は「医療の」を意味する形容詞です。似た音が含まれているからと言って、すぐに反応してマークすると誤答する可能性が高くなります。⇒リスニングの解法　ルール21
(C) は何の会場のことを言っているのかわからず、質問の答えになっていないので不正解です。

Vocabulary ▶ □ effective　形 効果的である
□ venue　名 会合場所、開催地、予定地

The right way is rarely the easiest way!

正しいやり方が、一番簡単であることはめったにありません。

Unit 10　Health

Part 3　会話文問題

CD-52

Directions

You will hear a conversation between two or more people. You will be asked to answer three questions about what the speakers say in the conversation. Select the best response to each question and mark the letter (A), (B), (C), or (D) on your answer sheet. The conversation will not be printed in your test book and will be spoken only one time.

1. What is the main topic of the conversation?
(A) The cost of dental treatment
(B) The difficulty of scheduling an appointment
(C) The benefits of oral hygiene
(D) The advantages of booking online

Ⓐ Ⓑ Ⓒ Ⓓ

2. Why does the woman say "No, what's that"?
(A) She is unfamiliar with a service.
(B) She doesn't know the name of an item.
(C) She cannot calculate a price.
(D) She is unable to translate a word.

Ⓐ Ⓑ Ⓒ Ⓓ

3. What will the woman do next?
(A) Place a call
(B) Negotiate a discount
(C) Visit a dentist
(D) Access the Internet

Ⓐ Ⓑ Ⓒ Ⓓ

Health　Part 3

Questions 1 through 3 refer to the following conversation.

スクリプト ▶

W. I've had a toothache all morning but when I called the dentist just now, ① **the receptionist said** I couldn't get an appointment until tomorrow morning.
M1. ① **That's too bad.** ② **Have you called Dental Line?**
W. ② **No, what's that?**
M1. ② **It's a service that** ① **tells you which dentists are available in your local area and they can even schedule an appointment for you with whoever is available.** What's the number, Mike?
M2. Er…it's…555-3434. I called them last week and ① **they were able to find a dentist on the other side of town.**
W. Thanks. ③ **I'll give them a call now.**

日本語訳 ▶

問題1から3は、次の3人の会話に関するものです。

W. 私は午前中ずっと歯が痛かったんですが、私が今歯医者に電話したら、受付の人は、明日の朝まで予約がとれないと言いました。
M1. それは残念です。あなたはデンタル・ラインには電話しましたか？
W. いいえ、それは何ですか？
M1. それは、あなたの地域でどの歯科医が利用できるかについて教えてくれるサービスで、そして、彼らは利用できる歯医者なら誰とでもあなたのために予約さえしてくれます。番号は何番ですか、マイク？
M2. ええと、それは555-3434です。私は先週彼らに電話をし、彼らは町の向こう側で歯医者を見つけることができました。
W. ありがとう。私は、今彼らに電話します。

Vocabulary ▶
- toothache　名 歯痛
- receptionist　名 受付係、フロント係
- available　形 利用できる
- schedule　他 予定に組み込む、予定する

Unit 10 Health

Part 3 会話文問題

1 ■■■ 正解 ▶ **(B)**

スクリプト ▶ <u>What is the main topic</u> of the conversation?
→典型的な質問の一つ。

(A) The cost of dental treatment
(B) The difficulty of scheduling an appointment
(C) The benefits of oral hygiene
(D) The advantages of booking online

日本語訳 ▶ **会話の主題は何ですか？**
(A) 歯の治療の費用　　　　　**(B) 予約をとることの難しさ**
(C) 口腔衛生の利益　　　　　(D) オンライン予約の長所

解説 ▶ 新形式の、3人での会話です。⇒リスニングの解法　ルール25
この会話が何についてか問われています。女性が最初の発言で the receptionist said I couldn't get an appointment until tomorrow morning.（受付の人は、明日の朝まで予約がとれないと言いました。）と、明日の朝まで予約がとれないことを伝えています。また、男性1の2回目の発言では、It's a service that tells you which dentists are available in your local area and they can even schedule an appointment for you with whoever is available.（それは、あなたの地域でどの歯科医が利用できるかについて教えてくれるサービスで、そして、彼らは利用できる歯医者は誰とでもあなたのために予約をとることさえできます。）と、男性1が、女性に地域の歯科医に連絡をとるサービスを利用することを教えています。正解はこの状況を「予約をとることの難しさ」と表現している (B) The difficulty of scheduling an appointment となります。

Vocabulary ▶ □ treatment 名 治療、手当、扱い、待遇　　□ difficulty 名 難しさ、困難
□ benefit 名 利益　　□ hygiene 名 衛生、健康法
□ advantage 名 利益、長所、強み　　□ booking 名 予約、契約

---

2 ■■■ 正解 ▶ **(A)**

スクリプト ▶ Why does the woman say, <u>"No, what's that"</u>?
→この発言が聞こえた時には聞き逃していた、とならないように。

(A) She is unfamiliar with a service.
(B) She doesn't know the name of an item.
(C) She cannot calculate a price.

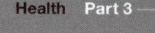

(D) She is unable to translate a word.

日本語訳 ▶ **女性は、なぜ「いいえ、それは何ですか？」と言っていますか？**
(A) そのサービスをよく知らないため。
(B) その商品の名前を知らないため。
(C) 価格を計算できないため。
(D) 単語を翻訳することができないため。

解説 ▶ 女性の話し手の意図を聞いています。女性が2回目の発言で No, what's that?（いいえ、それは何ですか？）と聞き返したのは、その前の男性1の発言 Have you called Dental Line?（あなたはデンタルラインには電話しましたか？）からデンタルラインについて知りたい気持ちが込められています。よって、正解は「彼女がそのサービスをよく知らなかった」という意味の (A) She is unfamiliar with a service. です。⇒リスニングの解法　ルール26

Vocabulary ▶ □ unfamiliar with　不慣れで、不慣れな
□ calculate　他 計算する、推定する　　□ translate　他 訳す、翻訳する

---

3 ■■■ **正解** ▶ **(A)**

スクリプト ▶ **What will the woman do next?**
→次に女性がすることは最後の文に注目。

(A) Place a call
→会話内の give a call の言い換え。
(B) Negotiate a discount
(C) Visit a dentist
(D) Access the Internet

日本語訳 ▶ **女性は、次に何をしますか？**
(A) 電話をかける
(B) 割引について交渉する
(C) 歯医者を訪ねる
(D) インターネットにアクセスする

解説 ▶ この次、女性がすることを聞かれています。⇒リスニングの解法　ルール28
女性は最後に Thanks. I'll give them a call now.（ありがとう。私は、今彼らに電話します。）と、デンタルラインに電話をすると言っているので、(A) Place a call が正解です。

Vocabulary ▶ □ place a call　電話をかける
□ negotiate　自 交渉する、折衝する

Unit 10　Health

Part 4　説明文問題

CD-53

Directions

You will hear a talk given by a single speaker. You will be asked to answer three questions about what the speaker says in the talk. Select the best response to each question and mark the letter (A), (B), (C), or (D) on your answer sheet. The talk will not be printed in your test book and will be spoken only one time.

1. What is the speaker's occupation?
- (A) A salesperson
- (B) An artist
- (C) A receptionist
- (D) An optician

2. What does the speaker say about the price?
- (A) It includes a discount.
- (B) It will be raised soon.
- (C) It is negotiable.
- (D) It must be paid in cash only.

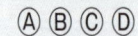

3. According to the speaker, what will happen next weekend?
- (A) A sale will be held.
- (B) Some new products will arrive.
- (C) Some appointments will be canceled.
- (D) A business will be closed.

Health   Part 4

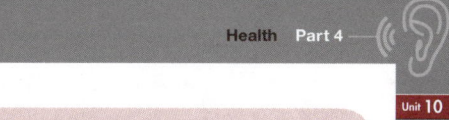

Unit 10

病院やクリニックからの診療予約や予約変更の依頼などの留守番電話メッセージも多く出題されます。

Questions 1 through 3 refer to the following radio broadcast.

スクリプト ▶ Hello. ① **This is Yuki Tanaka the receptionist at Westford Eye Clinic.** I'm calling to let you know that your new glasses are ready for you to pick up. We are open Monday to Saturday, 9:00 A.M. to 5:00 P.M. and Sunday from 10:00 A.M. to 4:00 P.M. ② **The price of the glasses is $120** and payment can be made either in cash or by credit card. As a senior, ② **you qualify for a 20% discount so the price I just mentioned includes that reduction**. Also, please remember that ③ **we will not be open from next Thursday to Monday due to the holiday weekend** so be sure to collect your glasses before then.

日本語訳 ▶ 問題1から3は、次の電話メッセージに関するものです。

こんにちは。ウェストフォード眼科の受付係の田中ゆきです。お客様の新しい眼鏡を、お持ち帰りいただける準備ができたことをお知らせするためにお電話いたしました。当店は、月曜日から土曜日の午前9時から午後5時まで、そして、日曜日の午前10時から午後4時まで開いています。眼鏡の価格は120ドルで、お支払いは現金、またはクレジットカードでできます。シニア会員として、お客様には20%の割引の資格があるので、今、申し上げた価格はその割引分も含みます。また、我々は、次の木曜日から月曜日まで、休暇期の週末のため開いていないことをお忘れなく、それより早くに眼鏡をとりに来てください。

Vocabulary ▶
- pick up　疲労、途中で受け取っていく
- either ~ or...　~と…のどちらでも
- qualify　自 資格を得る、適任である、資格ができる
- mention　他 言及する、話に出す、ちょっと言う
- include　他 ~を含む
- reduction　名 割引、削減、縮小、下落、低下
- due to　~のため、~の結果
- collect　他 集める、とりに行く、とってくる

Unit 10 Health

Part 4 説明文問題

1 ▌▌▌ 正解 ▶ **(C)**

スクリプト ▶ **What is the speaker's <u>occupation</u>?**
→ occupation の意味がわからなくても選択肢の並びで話し手の何が問われているか想像できる。

(A) A salesperson
(B) An artist
(C) A receptionist
　　→同じ単語が冒頭で聞こえる。
(D) An optician

日本語訳 ▶ **話し手の仕事は何ですか？**
(A) 販売員
(B) アーティスト
(C) 受付係
(D) 眼鏡屋

解　説 ▶ 話し手の仕事について聞かれています。冒頭で、Hello. とあいさつをしたあとに This is Yuki Tanaka the receptionist at Westford Eye Clinic.（ウェストフォード眼科の受付係の田中ゆきです。）と、自分が眼科の受付係だと自己紹介しています。正解は (C) A receptionist です。⇒リスニングの解法　ルール 28

Vocabulary ▶ □ occupation 名 職業　　□ optician 名 眼鏡商、眼鏡屋

---

2 ▌▌▌ 正解 ▶ **(A)**

スクリプト ▶ **What does the speaker say <u>about the price</u>?**
→設問の先読みで、話し手が値段について何か言うことがわかる。

(A) It includes a discount.
　　→説明文内の reduction を言い換え。
(B) It will be raised soon.
(C) It is negotiable.
(D) It must be paid in cash only.

日本語訳 ▶ **話し手は、価格について何と言っていますか？**
(A) 割引を含む。
(B) すぐに上げられる。
(C) 交渉可能である。
(D) 現金払いだけでなければならない。

解説 ▶ 設問の先読みにより、あらかじめ値段について何と言っているのか聞かれることがわかっています。⇒リスニングの解法 ルール24
値段についての描写は5文目の The price of the glasses is $120（眼鏡の価格は120ドル）から始まり、6文目に As a senior, you qualify for a 20% discount so the price I just mentioned includes that reduction.（シニア会員として、お客様には20%の割引の資格があるので、今、申し上げた価格はその割引分も含みます。）と、シニア会員なので20%オフだと言っています。したがって、「割引を含む」の意味の (A) It includes a discount が正解です。5文目で現金またはクレジットで支払いができるとあるので、(D) は不正解。(B)、(C) についてはここでは触れられていないのでこちらも不正解です。

Vocabulary ▶ □ raise　他 引き上げる、高める、持ち上げる
□ negotiable　形 交渉できる、交渉の余地がある
□ pay in cash　現金で払う、即金で払う

---

3 ■■■ **正解** ▶ **(D)**

スクリプト ▶ **According to the speaker, what will happen next weekend?**
→次に起こることは、最後の文に注目。

(A) A sale will be held.
(B) Some new products will arrive.
(C) Some appointments will be canceled.
(D) A business will be closed.
　→説明文内では、will not be open と表現。

日本語訳 ▶ 話し手によると、次の週末に何がありますか？
(A) セールが開催される。
(B) ある新製品が届く。
(C) ある予約がキャンセルされる。
(D) ビジネスは閉められる。

解説 ▶ 次に何が起こるかは最後の文を聞くとわかることが多いです。
⇒リスニングの解法 ルール28
7文目 Also, please remember that we will not be open from next Thursday to Monday due to the holiday weekend（また、我々は、次の木曜日から月曜日まで、休暇期の週末のため開いていないことをお忘れなく）より、次の週は木曜日から月曜日まで閉まっていることがわかります。したがって週末も休診日、つまり、(D) A business will be closed が正解となります。

Vocabulary ▶ □ product　名 製品、産物、結果、成果
□ arrive　自 着く、到着する、届く

Unit 11 Announcement/Presentation

Part 1　写真描写問題

(1回目) (2回目)

人物が話をしている状況の写真では、話し手だけでなく、聞き手や、周辺のものが主語になる場合も考えられます。

CD-54

Directions

For each question in this part, you will hear four statements about a picture in your test book. When you hear the statements, you must select the one statement that best describes what you see in the picture. Then find the number of the question on your answer sheet and mark your answer. The statements will not be printed in your test book and will be spoken only one time.

1

Ⓐ Ⓑ Ⓒ Ⓓ

2

Ⓐ Ⓑ Ⓒ Ⓓ

Announcement/Presentation　Part 1

Unit 11

1 ▌▌▌ 正解 ▶　**(A)**

スクリプト ▶　**(A) A presentation is being given.**
(B) Everybody is sitting down.
(C) The flipchart paper is blank.
(D) The window is being closed.

日本語訳 ▶　**(A) プレゼンテーションが行われています。**
(B) 全員が座っています。
(C) 解説用の図表は空白です。
(D) 窓は閉められています。

解　説 ▶　**複数人物の写真。**
女性がプレゼンテーションを行っているので、(A) が正解です。
発表をしている女性は立っているので、全員が座っているわけではありません。
(B) は間違いです。⇒リスニングの解法　ルール 5
(C) も間違い。解説用の中央のボードには空白の図表ではなく、棒グラフのようなものが描かれています。
女性の背後にガラスのようなものがあるかもしれませんが、明確に、閉められた窓のようなものは見当たらないので (D) も不正解です。⇒リスニングの解法　ルール 6

Vocabulary ▶　□ give a presentation　プレゼンテーションを行う
□ flipchart　名（1 枚ずつめくれるようになっている）解説用の図表

2 ▌▌▌ 正解 ▶　**(B)**

スクリプト ▶　(A) She's typing on a keyboard.
(B) She's glancing at some paper.
(C) She's repairing the headphones.
(D) She's cleaning her desk.

日本語訳 ▶　(A) 彼女は、キーボードでタイプをしています。
(B) 彼女は、ある紙をちらりと見ています。
(C) 彼女は、ヘッドホンを修理しています。
(D) 彼女は、机をきれいにしています。

解　説 ▶　**人物写真で 1 人にフォーカス。**⇒リスニングの解法　ルール 1, 2
(A) は「キーボード」のようなものが写真に見えますが、今、女性がタイプをしている様子ではないので不正解です。⇒リスニングの解法　ルール 2
彼女は手元の紙をちらりと見ているので、(B) が正解となります。
女性はヘッドホンをしていますが、修理していないので (C) は不正解です。
女性は机を今、きれいにしている動作をしていないので (D) も間違いです。

Vocabulary ▶　□ type　他 〜をタイプする　　□ glance at 〜　〜をちらっと見る
□ repair　他 修理する

Unit 11 Announcement/Presentation

Part 2 応答問題

オフィス内での発表やプレゼンの内容、発表者、日時についてが話題になります。

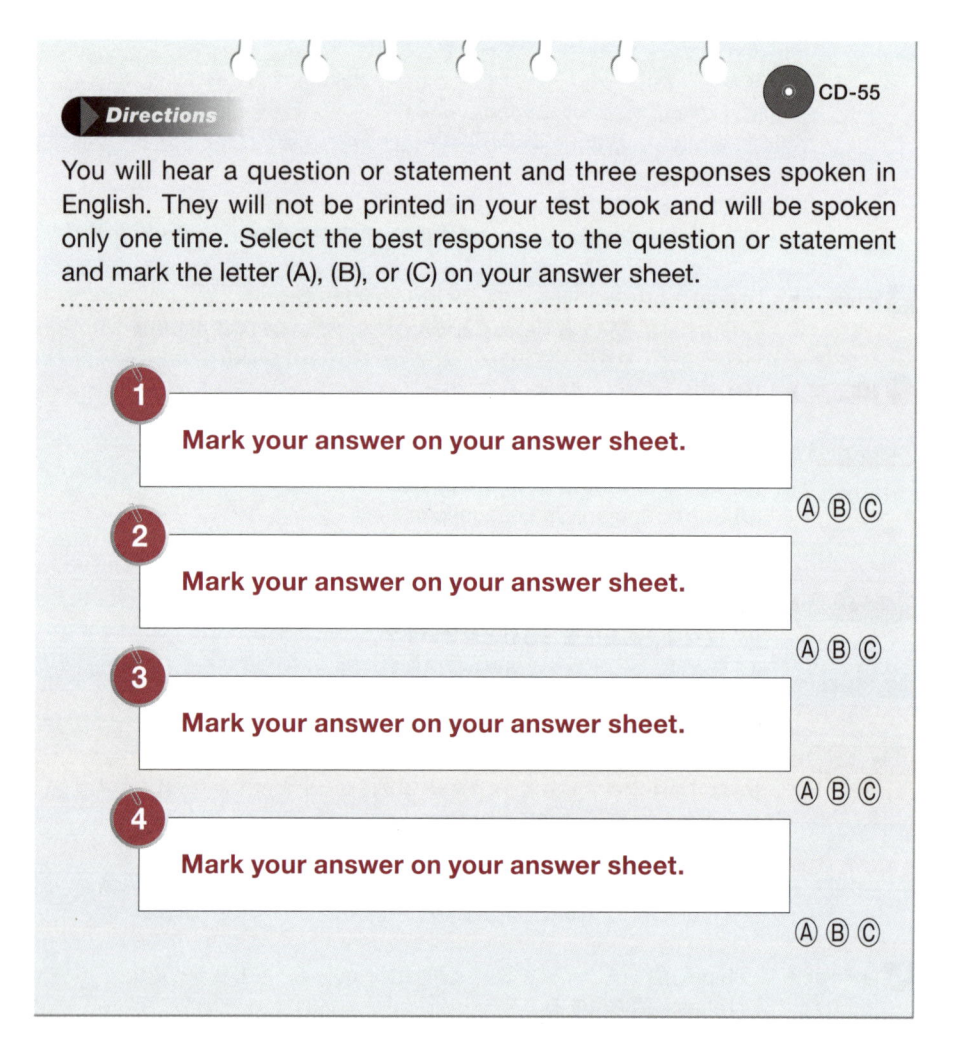

Directions

CD-55

You will hear a question or statement and three responses spoken in English. They will not be printed in your test book and will be spoken only one time. Select the best response to the question or statement and mark the letter (A), (B), or (C) on your answer sheet.

1 Mark your answer on your answer sheet. Ⓐ Ⓑ Ⓒ

2 Mark your answer on your answer sheet. Ⓐ Ⓑ Ⓒ

3 Mark your answer on your answer sheet. Ⓐ Ⓑ Ⓒ

4 Mark your answer on your answer sheet. Ⓐ Ⓑ Ⓒ

Announcement/Presentation Part 2

Unit 11

1 正解 ▶ **(C)**

スクリプト ▶ **How long has he worked at the company?**

(A) On the fifth floor.
(B) About 6 desks.
(C) For over a decade.

日本語訳 ▶ **彼は、その会社でどのぐらい働きましたか？**
(A) 5階で、です。
(B) およそ6つの机です。
(C) 10年以上の間です。

解説 ▶ 疑問詞で始まる疑問文。⇒リスニングの解法 ルール 11
How long ～？で、彼が会社で働いた期間を聞いています。
(A) は「5階で、です」と階層について答えているので不正解です。
(B) は机の数を答えていて、間違い。
期間を答えている (C) が正解です。

Vocabulary ▶ ☐ decade 名 10年間

---

2 正解 ▶ **(A)**

スクリプト ▶ **Is the presentation topic about sales and marketing?**

(A) That's what I heard.
(B) Sales are up.
(C) Yes, at the market.

日本語訳 ▶ **プレゼンテーションの話題は、営業とマーケティングについてですか？**
(A) 私はそう聞きました。
(B) 売上は上がっています。
(C) はい、市場で。

解説 ▶ Is ～？で始まる一般疑問文。⇒リスニングの解法 ルール 13
プレゼンのトピックが営業とマーケティングについてかどうか、聞いています。
「そう聞きました」と答えることで、質問に肯定で答えている (A) が正解です。
(B) は設問と同じ Sales の語を使っていますが、売り上げが上がっているかどうかについて聞かれているわけではないので、間違いです。
「市場で」は会話が成立しないので (C) は不正解です。

Vocabulary ▶ ☐ sales 名 売上高

Unit 11 Announcement/Presentation

Part 2 応答問題

3 正解 ▶ (B)

スクリプト ▶ Who is the keynote speaker?

(A) In the lock.
(B) It's Jill Murphy.
(C) Turn up the sound.

日本語訳 ▶ 基調演説者は誰ですか？
(A) 鍵の中です。
(B) それは、ジル・マーフィです。
(C) 音を上げてください。

解説 ▶ 疑問詞で始まる疑問文。⇒リスニングの解法 ルール11
基調演説者は誰か聞いています。
(A) は設問の keynote に含まれる音、key で開けられる lock「錠前」を使ったトラップです。設問には答えていないので不正解です。
(B) は人物名を答えているので正解です。
設問の speaker「話し手」を「スピーカー（拡声器）」の意味で間違ってとらえてしまうと、「ボリューム」の話をしている (C) に誤ってマークする恐れが出てきます。集中して聞きましょう。

Vocabulary ▶
□ keynote 名 （演説などの）要旨、（行動・政策などの）基調、（音楽の）主音
□ lock 名 錠前
□ turn up （ラジオなどの）音を大きくする、上に向ける、（上へ）折り返す

4 **正解 ▶** **(B)**

スクリプト ▶ **The announcement was difficult to hear.**

(A) No, she's over there.
(B) I couldn't understand it either.
(C) It's easy to operate.

日本語訳 ▶ **そのアナウンスは、聞きづらかったです。**
(A) いいえ、彼女はあそこにいます。
(B) 私もそれを理解することができませんでした。
(C) 操作するのは簡単です。

解説 ▶ **平叙文に答える問題。** ⇒リスニングの解法 ルール22
アナウンスが聞きづらかったことを伝えています。
(A) は「彼女」の指す人物が不明で設問の答えになっていないので、間違いです。
「私も理解できませんでした」と、設問に同意している (B) が正解となります。
(C) は設問の difficult の反意語の easy を使って誤答を誘っています。

Vocabulary ▶
□ announcement 名 アナウンス、発表、告知、お知らせ
□ not ~ either... ~もまた…ない
□ operate 他 運転する、操縦する

Rome wasn't built in a day!

ローマは1日にしてならず。

Unit 11 Announcement/Presentation

Part 3 会話文問題

CD-56

Directions

You will hear a conversation between two or more people. You will be asked to answer three questions about what the speakers say in the conversation. Select the best response to each question and mark the letter (A), (B), (C), or (D) on your answer sheet. The conversation will not be printed in your test book and will be spoken only one time.

Position	Prize
1st	$500
2nd	$400
3rd	$300
4th	$200

1 Where do the speakers work?
(A) At a sports center
(B) At a music store
(C) At a library
(D) At a magazine publisher

Ⓐ Ⓑ Ⓒ Ⓓ

2 What does the speaker say about this year's contest?
(A) The prize money is higher than last year.
(B) The number of entries was lower.
(C) The entry deadline was extended.
(D) The number of prizes has increased.

Ⓐ Ⓑ Ⓒ Ⓓ

3 Look at the graphic. How much prize money will John Talbot receive?
(A) $500
(B) $400
(C) $300
(D) $200

Ⓐ Ⓑ Ⓒ Ⓓ

Announcement/Presentation　Part 3

Unit 11

図表を含む問題は音声が流れる前に、何についての図表か、確認しておきましょう。音声と図表の両方から正解を導き出す設問が必ず 1 問出題されます。

Questions 1 through 3 refer to the following conversation and list.

スクリプト ▶
- **W.** Mr. Henderson, my team has looked through the entries for ① **our magazine's amateur short story competition** and we've selected the four winners.
- **M.** That was quick. The deadline for entry only closed the day before yesterday.
- **W.** Yes. ② **We didn't get as many entries as last year.** Perhaps we should increase the prize money next year.
- **M.** Hmm… ③ **Anyway, who got first place?**
- **W.** Er… ③ **last year's 3rd place winner, John Talbot**. He will be happy to have jumped two places this year.

日本語訳 ▶ 問題 1 から 3 は、次の会話と表に関するものです。

順位	賞金
1 位	500 ドル
2 位	400 ドル
3 位	300 ドル
4 位	200 ドル

- **W.** ヘンダーソンさん、私のチームは、我々の雑誌のアマチュア短編小説のコンテストへの応募作品をすべて通して見て、4 人の勝者を選びました。
- **M.** それは早くできましたね。応募の期限は、一昨日締め切られたばかりですからね。
- **W.** はい。昨年ほど多くの応募がありませんでした。おそらく、来年は、賞金を増やさなければなりません。
- **M.** うーん、とにかく、誰が 1 位になりましたか？
- **W.** ああ、昨年 3 位だった、ジョン・タルボットです。彼は、今年 2 つも順位を跳び越えたので喜ぶでしょう。

Vocabulary ▶
- □ look through　～を通して見る、～をひと通り調べる
- □ competition　名 競争、試合、コンテスト、コンペ
- □ the day before yesterday　一昨日、おととい
- □ increase　他 増やす、増す
- □ prize money　名 賞金、懸賞金

Unit 11 Announcement/Presentation

Part 3 会話文問題

1 ■■■ 正解 ▶ **(D)**

スクリプト ▶ **Where do the speakers work?**
→典型的な質問の一つ。

(A) At a sports center
(B) At a music store
(C) At a library
(D) At a magazine publisher
→ our magazine's ~ competetion から判断。

日本語訳 ▶ **話し手は、どこで働いていますか？**
(A) スポーツ・センターで
(B) 音楽店で
(C) 図書館で
(D) 雑誌出版社で

解説 ▶ 話し手の職場について聞かれています。女性が最初の発言で、男性に話しかけ、our magazine's amateur short story competition「自社のアマチュア短編小説のコンテスト」の作品について聞いています。自社で短編小説コンテストを行う会社を選択肢から選ぶと (D) At a magazine publisher が正解だとわかります。

Vocabulary ▶ ☐ publisher 名 出版社、出版業者

---

2 ■■■ 正解 ▶ **(B)**

スクリプト ▶ **What does the speaker say about this year's contest?**
→会話内では last year と比較している。

(A) The prize money is higher than last year.
(B) The number of entries was lower.
(C) The entry deadline was extended.
(D) The number of prizes has increased.

日本語訳 ▶ **話し手は、今年のコンテストについて何と言っていますか？**
(A) 賞金が、昨年より高い。
(B) 応募数がより少なかった。
(C) 応募の締め切りは延ばされました。
(D) 賞の数は増えている。

| 解説 | ▶ 今年のコンテストについて話し手が言っていることが聞かれています。女性が2回目の発言で We didn't get as many entries as last year.（昨年ほど多くの応募がありませんでした。）と、昨年よりも応募者が少なかったことを伝えています。よって、正解は (B) The number of entries was lower. だとわかります。|

| Vocabulary | ▶ □ extend　他 延ばす、延長する、広げる、拡張する
□ increase　自 増える |

3 ▮▮▮ 正解 ▶ (A)

| スクリプト | ▶ **Look at the graphic. How much prize money will John Talbot receive?**
John Talbot という人物名に注意。

(A) $500
　→図表の右側と選択肢の並びが同じ。
(B) $400
(C) $300
(D) $200 |

| 日本語訳 | ▶ **表を見てください。ジョン・タルボットは、どれくらいの賞金を受け取りますか？**
(A) 500 ドル
(B) 400 ドル
(C) 300 ドル
(D) 200 ドル |

| 解説 | ▶ 図表を含む問題は、音声と図表、両方からの情報を手がかりに解答を導きましょう。⇒リスニングの解法　ルール23
ジョン・タルボットの賞金について聞かれています。
男性が後半で Hmm... Anyway, who got first place?（うーん、とにかく、誰が1位になりましたか？）と1位は誰だったかについて聞いています。それに対して女性が Er...last year's 3rd place winner, John Talbot.（ああ、昨年3位だった、ジョン・タルボットです。）と答えているので、表を確認します。表によると、1位の賞金は、$500 とあるので、(A) $500 が正解です。|

| Vocabulary | ▶ □ prize　名 賞金
□ receive　他 ～を受け取る |

Unit 11 Announcement/Presentation

Part 4 説明文問題

Directions

You will hear a talk given by a single speaker. You will be asked to answer three questions about what the speaker says in the talk. Select the best response to each question and mark the letter (A), (B), (C), or (D) on your answer sheet. The talk will not be printed in your test book and will be spoken only one time.

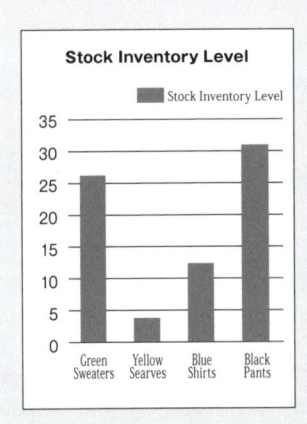

Stock Inventory Level

Item	Stock Inventory Level
Green Sweaters	~26
Yellow Scarves	~4
Blue Shirts	~13
Black Pants	~31

1. What is the purpose of the call?
(A) To praise a sales performance
(B) To recommend an order
(C) To provide an alternative item
(D) To ask about a sales technique

2. When does the winter sale begin?
(A) Today
(B) This Friday
(C) Next Tuesday
(D) Next month

3. Look at the graphic. Which item will the listener most likely order today?
(A) Green sweaters
(B) Yellow scarves
(C) Blue shirts
(D) Black pants

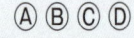

Announcement/Presentation Part 4

Unit 11

> リスニングの試験なので、設問と図表だけを見て正解できる問題はありません。必ず音声を聞きながら図表を確認する習慣を身につけましょう。

Questions 1 through 3 refer to the following telephone message and chart.

スクリプト ▶ Hello. This is Andrea from the distribution center. ① **Since our company's annual winter sale** will begin soon, I'm calling to find out if you are running low on any items. If you are, please call me back so I can arrange your next delivery this Friday. Basically, ③ **if you have fewer than 20 of an item, it's a good idea to place an order today** so you get more stock in time for ② **the start of the sale next Tuesday**. One final thing, ③ **the yellow scarves are now discontinued so don't order any of those**. You can reach me at 555-3302.

日本語訳 ▶ 問題1から3は、次の電話メッセージとグラフに関するものです。

こんにちは。私は、集配センターのアンドレアです。我が社恒例の冬のセールがすぐに始まるため、そちらで何かのアイテムが不足しているかどうか知りたいと思って電話をしています。もしそうならば、あとで私に電話してください。そうすれば、次の配達を、今週の金曜日に手配することができます。基本的に、そちらのアイテムが20より少なければ、今日注文するのがよく、次の火曜日のセールが始まるのに、より多くの在庫を確保できます。最後にもう一つ、黄色いスカーフは現在生産が停止しているので、注文しないでください。私の電話番号 555-3302 にかけてくださっても大丈夫です。

Vocabulary ▶
- □ inventory　名 棚卸し表、在庫調べ
- □ distribution　名 配給、分配、流通
- □ annual　形 例年の
- □ find out　見つけ出す、発見する、見つける
- □ arrange　他 手配する、配置する、準備する、整える
- □ delivery　名 配達、便
- □ basically　副 基本的に
- □ place an order　注文する
- □ in time　間に合って、やがて
- □ discontinue　他 停止する、中止する
- □ reach　他 ～と連絡をとる

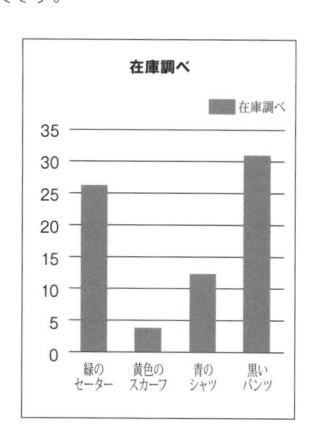

在庫調べ

緑のセーター	~26
黄色のスカーフ	~4
青のシャツ	~12
黒いパンツ	~31

Unit 11 Announcement/Presentation

Part 4 説明文問題

1 ▌▌▌ 正解 ▶ **(B)**

スクリプト ▶ **What is <u>the purpose</u> of the call?**
→説明文内の I'm calling to ~ のあとが電話の目的。

(A) To praise a sales performance
(B) To recommend an order
(C) To provide an alternative item
(D) To ask about a sales technique

日本語訳 ▶ 電話の目的は何ですか?
(A) 販売成績を称賛すること
(B) 注文を勧めること
(C) 代わりのアイテムを提供すること
(D) 販売テクニックについて尋ねること

解 説 ▶ この電話メッセージの目的は3文目を聞くと Since our company's annual winter sale will begin soon, I'm calling to find out if you are running low on any items. (我が社恒例の冬のセールがすぐに始まるため、そちらで何かのアイテムが不足しているかどうか知りたいと思って電話をしています。) と言っています。つまり、「冬のセールが始まるので、在庫が少ないアイテムを探すため電話しています」と言っているので、「注文を勧めている」の意味の (B) To recommend an order が正解です。

Vocabulary ▶
☐ purpose　名 目的
☐ praise　他 ほめる、称賛する
☐ performance　名 成績、実績、演技、演奏
☐ recommend　名 ~することを勧める
☐ provide　他 ~を提供する
☐ alternative　形 代わりの、二者択一の

....

2 ▌▌▌ 正解 ▶ **(C)**

スクリプト ▶ **When does <u>the winter sale</u> begin?**
→冬のセールに関することに注意。

(A) Today
(B) This Friday
(C) Next Tuesday
(D) Next month

《 198 》

Announcement/Presentation　Part 4

Unit 11

| 日本語訳 | ▶ | 冬のセールは、いつ始まりますか？ |

(A) 今日
(B) 今週の金曜日
(C) 次の火曜日
(D) 来月

| 解説 | ▶ | 冬のセールが始まる時期を聞かれています。5文目の後半に so you get more stock in time for the start of the sale next Tuesday.（次の火曜日のセールが始まるのに、より多くの在庫を確保できます。）とあるので、来週の火曜日、つまり正解は (C) Next Tuesday です。

---

❸ ■■■ 正解 ▶ **(C)**

| スクリプト | ▶ | **Look at the graphic. Which item will the listener most likely order today?**
　　　→今日注文するものについて注意。
(A) Green sweaters
(B) Yellow scarves
(C) Blue shirts
　　　→図表の横軸と選択肢の並びが同じ。
(D) Black pants

| 日本語訳 | ▶ | グラフを見てください。聞き手は、今日、おそらくどのアイテムを注文しますか？
(A) 緑のセーター
(B) 黄色のスカーフ
(C) 青いシャツ
(D) 黒いパンツ

| 解説 | ▶ | 新形式の、図表を含む問題です。⇒リスニングの解法　ルール27
聞き手が注文するであろうものについて聞かれています。5文目の前半に「在庫が20を下回ったら、今日注文して下さい」という意味の文、Basically, if you have fewer than 20 of an item, it's a good idea to place an order today（基本的に、そちらのアイテムが20より少なければ、今日注文するのがよく）があり、グラフを見ると、在庫が20より少ないのは黄色いスカーフと、青いシャツだとわかります。また6文目を聞くと、One final thing, the yellow scarves are now discontinued so don't order any of those.（最後にもう一つ、黄色いスカーフは現在生産が停止しているので、注文しないでください。）と言っていて、「黄色いスカーフは生産停止」と言っているので、今日、聞き手が注文しそうなアイテムは「青いシャツ」つまり (C) Blue shirts が正解です。

| Vocabulary | ▶ | □ likely 副 おそらく　　□ scarves 名 スカーフ（複数形）

Unit 12 Airport

Part 1 写真描写問題

空港のロビーや待合室、飛行機に搭乗する場面、滑走路の写真などが出題されます。

CD-58

Directions

For each question in this part, you will hear four statements about a picture in your test book. When you hear the statements, you must select the one statement that best describes what you see in the picture. Then find the number of the question on your answer sheet and mark your answer. The statements will not be printed in your test book and will be spoken only one time.

1.

Ⓐ Ⓑ Ⓒ Ⓓ

2.

Ⓐ Ⓑ Ⓒ Ⓓ

Airport Part 1

Unit 12

1 正解 ▶ (B)

スクリプト ▶
(A) He's gazing out of the window.
(B) A reflection is cast on the floor.
(C) He's watching the television monitor.
(D) A window is being washed.

日本語訳 ▶
(A) 彼は、窓の外を見つめています。
(B) 光の反射が、床に投げかけられています。
(C) 彼は、テレビのモニターを見ています。
(D) 窓は洗われています。

解説 ▶ **人物写真で 1 人にフォーカス。** ⇒リスニングの解法 ルール 2, 5
(A) は「男性」も「窓」も写真に見えますが、男性は腕時計を見ているので不正解。
⇒リスニングの解法 ルール 6
人や、ものの影が地面や床に伸びている時に a reflection is cast という表現を使います。人の影が床に伸びているので (B) が正解となります。
男性は左の上方に見える、テレビのモニターのほうを見ていないので (C) は間違いです。
窓を洗っている人は見当たらないので (D) も不正解。

Vocabulary ▶
□ gaze 自 (熱心に) 見つめる　　□ reflection 名 反射、反響、反映
□ cast 他 (光・影などを) 投げかける、落とす　　□ wash 他 〜を洗う

---

2 正解 ▶ (C)

スクリプト ▶
(A) All of the chairs are occupied.
(B) The passenger lounge is crowded.
(C) The seats are all identical.
(D) The floor is being cleaned.

日本語訳 ▶
(A) すべての椅子は埋まっています。
(B) 搭乗客のラウンジは混んでいます。
(C) 座席はすべて同一のものです。
(D) 床は清掃されています。

解説 ▶ **風景、室内の写真。** ⇒リスニングの解法 ルール 9
写真の中に人は見られなく、椅子も使用されていないので (A) は不正解。
ラウンジは混んでいないので、(B) も間違いです。
椅子は全部、同じもののように見えるので (C) が正解となります。
(D) は不正解。床を掃除している人は見当たりません。

Vocabulary ▶
□ occupy 他 占領する、借用する、(部屋などを) 使用する、(席を) 占める
□ identical 形 全く同じ、同一の、等しい

201

Unit 12　Airport

Part 2　応答問題

(1回目)　(2回目)

飛行機の運行状況、搭乗手続き、飛行機の座席についてなどが会話に出てきます。

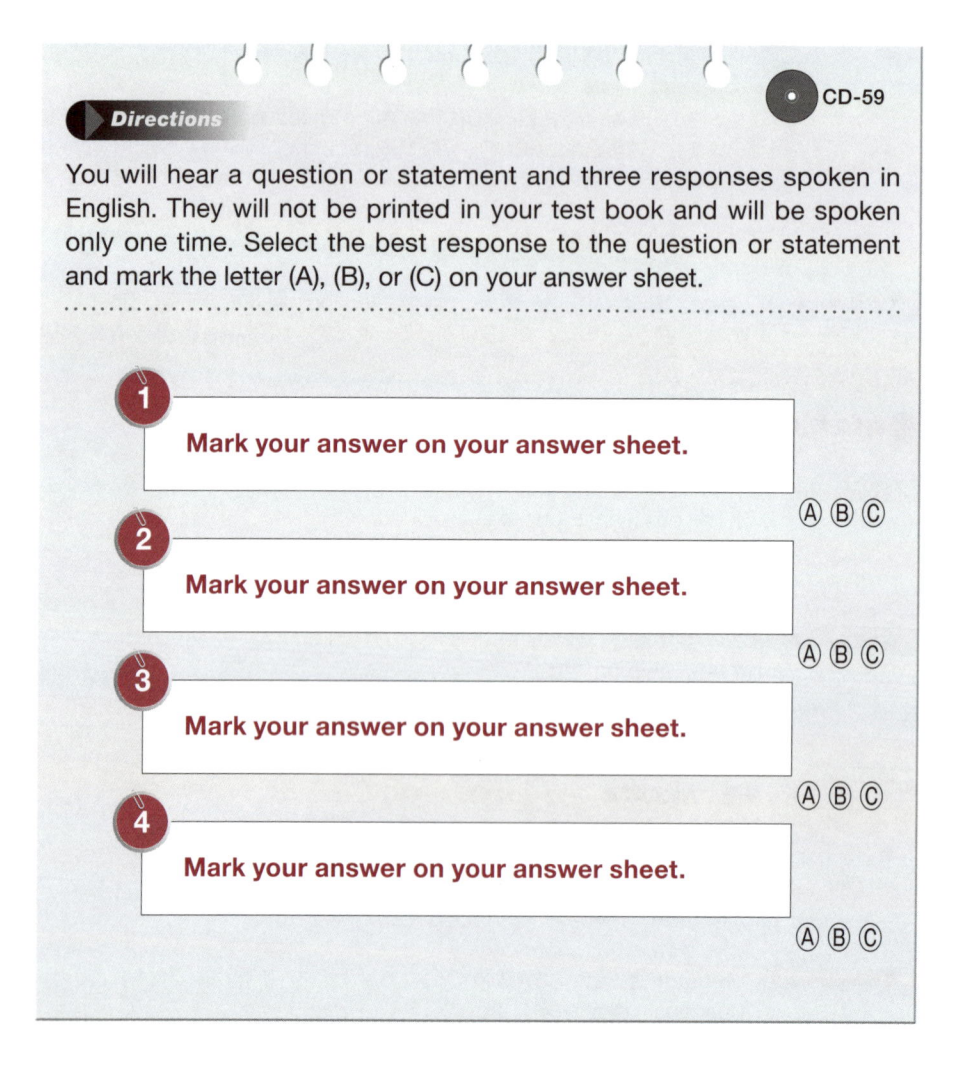

Directions

CD-59

You will hear a question or statement and three responses spoken in English. They will not be printed in your test book and will be spoken only one time. Select the best response to the question or statement and mark the letter (A), (B), or (C) on your answer sheet.

1. Mark your answer on your answer sheet.　Ⓐ Ⓑ Ⓒ
2. Mark your answer on your answer sheet.　Ⓐ Ⓑ Ⓒ
3. Mark your answer on your answer sheet.　Ⓐ Ⓑ Ⓒ
4. Mark your answer on your answer sheet.　Ⓐ Ⓑ Ⓒ

Airport Part 2

Unit 12

1 正解 ▶ (A)

スクリプト ▶ **Why is the flight delayed?**

(A) Due to inclement weather.
(B) A first-class ticket.
(C) From Gate 15.

日本語訳 ▶ フライトはなぜ遅れていますか？
(A) 悪天候のためです。
(B) ファーストクラスのチケットです。
(C) 15 番ゲートからです。

解説 ▶ 疑問詞で始まる疑問文。⇒リスニングの解法 ルール 11
フライトが遅れている理由を聞いています。
「悪天候のため」と、理由を答えている (A) が正解です。
(B) はチケットの種類を答えているので不正解です。
(C) も間違い。出発ゲートについて答えています。

Vocabulary ▶ □ delay 他 遅らせる、延ばす
□ inclement 形 （寒さ・風雨のために）不良な、荒れ模様の

---

2 正解 ▶ (B)

スクリプト ▶ **Would you like a window or an aisle seat?**

(A) Open the window.
(B) Either is ok.
(C) At the front.

日本語訳 ▶ 窓側席と通路側席とでは、どちらが好きですか？
(A) 窓を開けてください。
(B) どちらでもいいです。
(C) 前側で。

解説 ▶ A か B かどちら？ と聞かれる選択疑問文。⇒リスニングの解法 ルール 20
Would you like 〜 ? の形をとり、窓側と通路側のどちらの座席が好きか聞いています。(A) は不正解。設問と同じ window が使われていますが、窓を開けるように言っているので応答として不適当です。
「どちらでもいいです」と答えている (B) が正解です。
(C) は間違い。窓側でも、通路側でもなく、「前側」と言っているので、聞かれている乗り物の座席の選択肢としては不適切です。

Unit 12　Airport

Part 2　応答問題

Vocabulary ▶　☐ aisle　名（劇場・列車・飛行機などの座席列間の）通路

3 ▋▋▋ 正解 ▶　(C)

スクリプト ▶　**May I see your passport, please?**

(A) Please go past.
(B) On page four.
(C) Here you are.

日本語訳 ▶　パスポートを拝見してもいいですか？
(A) 通過してください。
(B) 4ページにあります。
(C) どうぞ。

解　説 ▶　提案 / 依頼 / 勧誘の表現のパターン。⇒リスニングの解法　ルール 15
May I ~？で始まり、「～してもいいですか？」と聞く表現です。パスポートを見てもいいですか？と聞いています。
(A) はパスポートの提示を求められているのに対して「通過してください。」では会話が自然に流れていないので、不正解です。
何が4ページにあるのかが不明なので、(B) は間違い。
「どうぞ」と提示している (C) が正解となります。

Vocabulary ▶　☐ go past　通り越す、通り過ぎる

4 正解 ▶ (A)

スクリプト ▶ These seats are more comfortable than the old ones.

(A) Yes, and they are wider, too.
(B) An older passenger.
(C) A later flight.

日本語訳 ▶ これらの座席は、古いものより快適です。
(A) はい。それに、より広くもあります。
(B) 年上の乗客です。
(C) あとのフライトです。

解 説 ▶ 平叙文に答える問題。⇒リスニングの解法　ルール22
これらの座席が古いものより快適だと伝えています。
設問の情報に追加で「それに、より広いです」と、情報を加えている (A) が正解です。
(B) は間違い。設問と同じように比較級を使っていますが、「年上の乗客です」では会話が成立していません。
(C) も不正解。比較級を用いているだけで、「あとのフライトです」では応答として不適当です。

Vocabulary ▶ □ comfortable 形 快適な、気持ちのよい

Slow down a bit, take it easy!

少し落ち着いて、気楽にいきましょう！

Unit 12 Airport

Part 3 会話文問題

CD-60

Directions

You will hear a conversation between two or more people. You will be asked to answer three questions about what the speakers say in the conversation. Select the best response to each question and mark the letter (A), (B), (C), or (D) on your answer sheet. The conversation will not be printed in your test book and will be spoken only one time.

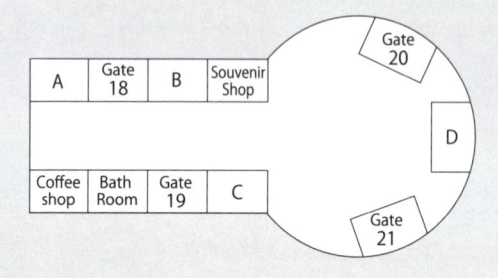

1 Who is the man?
(A) A passenger
(B) A flight attendant
(C) A customs official
(D) An airport employee

Ⓐ Ⓑ Ⓒ Ⓓ

2 What is the problem?
(A) A flight is delayed.
(B) A lounge is closed.
(C) A gate has been changed.
(D) A bag has been lost.

Ⓐ Ⓑ Ⓒ Ⓓ

3 Look at the graphic. Where should the man go?
(A) Area A
(B) Area B
(C) Area C
(D) Area D

Ⓐ Ⓑ Ⓒ Ⓓ

Airport Part 3

Unit 12

空港のトピックでは、乗客からの質問、職員同士のやりとり、が会話文に出題されます。

Questions 1 through 3 refer to the following conversation and map.

スクリプト

M. ① **Hi, I'm flying to London with your airline** but I can't find the first-class passenger lounge. Has it moved?

W. ② **Our lounge is undergoing refurbishment and is closed until the end of this month.** Our passengers can use the Venture Airline passenger lounge instead. Sorry for the inconvenience.

M. Oh, that's ok. I just wanted to grab a bite to eat and check my e-mail using the free Internet. So, er…How do I get to the Venture Airline lounge?

W. ③ **Just go straight, past the coffee shop and you'll find it directly adjacent to the souvenir store and across from Gate 19.**

日本語訳

問題1から3は、次の会話と地図に関するものです。

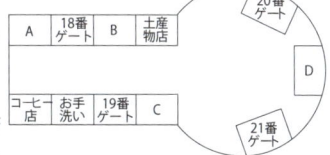

M. こんにちは、私はこちらの航空会社でロンドンへ飛ぶのですが、ファーストクラスの乗客ラウンジを見つけることができません。移動したのですか?

W. 我々のラウンジは一新しているので、今月末まで閉鎖されています。お客様は、代わりにベンチャー航空の乗客ラウンジを使うことができます。ご迷惑をおかけして申し訳ありません。

M. ああ、わかりました。軽い食事をとって、無料のインターネットを使ってEメールをチェックしたかったんです。それで、ええと、ベンチャー航空のラウンジにはどのように行けばいいですか?

W. ただまっすぐ行ってください。コーヒー・ショップを過ぎ、土産物店に隣接して、19番ゲートの向かいにすぐあります。

Vocabulary

☐ fly to 自 (飛行機で〜に) 飛ぶ
☐ undergo 他 (検査・手術などを) 受ける、耐える、忍ぶ
☐ refurbishment 名 一新、刷新
☐ instead 副 その代わりとして、〜の代わりに
☐ inconvenience 名 不便、不自由、迷惑
☐ grab a bite (to eat) 軽食をとる、軽く食事をする
☐ adjacent 形 隣接した、隣接して   ☐ souvenir 名 土産、記念品

《 207 》

Unit 12 Airport

Part 3 会話文問題

1 ■■■ 正解 ▶ **(A)**

スクリプト ▶ Who is <u>the man</u>?
　　　　　　　　→男性について聞かれている。
(A) A passenger
　→ passenger lounge を探していると言っている。
(B) A flight attendant
(C) A customs official
(D) An airport employee

日本語訳 ▶ 男性は誰ですか？
(A) 乗客
(B) 客室乗務員
(C) 税関職員
(D) 空港従業員

解 説 ▶ 男性が誰なのか聞かれています。男性は最初の発言で Hi, I'm flying to London with your airline but I can't find the first-class passenger lounge.（私はこちらの航空会社でロンドンへ飛ぶのですが、ファーストクラスの乗客ラウンジを見つけることができません。）と、飛行機でロンドンに向かうので、乗客用のラウンジを探していると話しています。したがって、(A) A passenger が正解です。

Vocabulary ▶ □ attendant 名 随行員、接客係、案内係
　　　　　　　　□ customs 名 税関、関税
　　　　　　　　□ employee 名 従業員

2 ■■■ 正解 ▶ **(B)**

スクリプト ▶ What is <u>the problem</u>?
　　　　　　　　　→問題は何かを聞かれている。
(A) A flight is delayed.
(B) A lounge is closed.
　→同じ単語が会話内でも言われている。
(C) A gate has been changed.
(D) A bag has been lost.

Airport　Part 3

Unit 12

日本語訳 ▶ 問題は何ですか？
(A) 飛行機が遅れること。
(B) ラウンジが閉鎖されていること。
(C) ゲートが変更されたこと。
(D) 鞄が紛失したこと。

解説 ▶ 会話内での問題について聞かれています。女性が前半で Our lounge is undergoing refurbishment and is closed until the end of this month.（我々のラウンジは一新しているので、今月末まで閉鎖されています。）と、ラウンジが改装中のため閉まっていることを述べています。正解は (B) A lounge is closed. です。

Vocabulary ▶ □ delay 他 ～を遅らせる
□ lost 形 紛失した

----

3 ▮▮▮ **正解** ▶ **(B)**

スクリプト ▶ **Look at the graphic. Where should the man go?**
　→場所が聞こえたら地図を追う。　　　→男性の場所を確認。

(A) Area A
(B) Area B
(C) Area C
(D) Area D

日本語訳 ▶ 地図を見てください。男性は、どこに行かなければなりませんか？
(A) A 区域
(B) B 区域
(C) C 区域
(D) D 区域

解説 ▶ 新形式の、図表の問題です。⇒リスニングの解法　ルール 23
地図を見ながら男性の行くべきところを聞いています。男性がベンチャー航空のラウンジの場所を聞いているのに対して、女性が後半で Just go straight, past the coffee shop and you'll find it directly adjacent to the souvenir store and across from Gate 19.（ただまっすぐ行ってください。コーヒー・ショップを過ぎ、土産物店に隣接して、19 番ゲートの向かいにすぐあります。）と言っています。つまり、「まっすぐ行って、コーヒーショップを過ぎて、土産物店の隣の 19 番ゲートの向かいに男性の行くべき、ベンチャー航空のラウンジがある」と言っているのでその通りに地図を追います。正解は (B) Area B です。

Unit 12 Airport

Part 4 説明文問題

CD-61

Directions

You will hear a talk given by a single speaker. You will be asked to answer three questions about what the speaker says in the talk. Select the best response to each question and mark the letter (A), (B), (C), or (D) on your answer sheet. The talk will not be printed in your test book and will be spoken only one time.

Airline	Check in counters
Aviator Air	A-B
Gold Star	C-D
Pacific Flyer	E-F
Tailwind Airlines	G-H

1. According to the speaker, what is happening at the airport?
 (A) A refurbishment program is underway.
 (B) A new flight service is being introduced.
 (C) The weather has affected departure times.
 (D) The automatic check in machines are not working.

Ⓐ Ⓑ Ⓒ Ⓓ

2. According to the speaker, what will Gold Star representatives do?
 (A) Provide refunds   (B) Answer questions
 (C) Reschedule flights (D) Issue meal tickets

Ⓐ Ⓑ Ⓒ Ⓓ

3. Look at the graphic, which check in counters should Gold Star passengers go to?
 (A) A-B   (B) C-D   (C) E-F   (D) G-H

Ⓐ Ⓑ Ⓒ Ⓓ

Airport Part 4

Unit 12

空港や機内での放送では、飛行機の運行状況、天候、目的地への所要時間、乗客への注意事項などが案内されます。

Questions 1 through 3 refer to the following announcement and list.

スクリプト ▶ Your attention, please. This is a passenger announcement. ① **Owing to the current refurbishment** of Gold Star check in counters C and D, ③ **passengers flying with Gold Star are requested to proceed to the Tailwind Airlines check in desks**. There, ② **representatives from Gold Star will be available to** check in your bags, issue boarding passes, and ② **answer any questions** you may have. Passengers flying with Aviator Air, Pacific Flyer, and Tailwind Airlines are unaffected by the refurbishment program and should proceed to their respective check in counters. We apologize for any inconvenience this may cause.

日本語訳 ▶ 問題1から3は、次の放送と表に関するものです。

航空会社	チェックイン・カウンター
アビエーター航空	A-B
ゴールドスター	C-D
パシフィックフライヤー	E-F
テイルウインド航空	G-H

ご案内いたします。乗客の皆さんへのアナウンスです。ゴールドスターのチェックイン・カウンターCとDの現在の改装工事のために、ゴールドスターに搭乗する乗客の皆さんは、テイルウインド航空のチェックイン・デスクに移動くださいますようお願いいたします。そこでは、ゴールドスターの担当者が、お客様のお鞄をチェックインすることができ、搭乗券を発行し、質問にお答えいたします。アビエーター航空、パシフィックフライヤーとテイルウインド航空に搭乗する乗客の皆さんは、この改装工事プログラムによる影響を受けることはありませんので、それぞれのチェックイン・カウンターまでお進みください。このことによるあらゆるご迷惑をお詫び申し上げます。

Vocabulary ▶
- owing to ～のために
- refurbishment 名 一新、刷新、改装
- request 他 要請する、頼む
- proceed 自 移る、進む
- representative 名 代表者、代理人
- issue 他 発行する、交付する、出版する
- boarding pass 搭乗券
- unaffected 形 影響を受けないで、変化しないで
- respective 形 それぞれの、各自の
- apologize for ～ 自 ～を謝る、謝罪する
- inconvenience 名 不便、迷惑、不自由

Unit 12 Airport

Part 4 説明文問題

① ■■■ 正解 ▶ (A)

スクリプト ▶ According to the speaker, what is happening at the airport?

(A) A refurbishment program is underway.
　　→同じ単語、refurbishment が聞こえる。
(B) A new flight service is being introduced.
(C) The weather has affected departure times.
(D) The automatic check in machines are not working.

日本語訳 ▶ 話し手によると、空港で何が起こっていますか？
(A) 改修プログラムが進行中です。
(B) 新しい飛行サービスは紹介されている。
(C) 天候が出発時間に影響を及ぼしている。
(D) 自動チェックイン機が、作動していない。

解説 ▶ 空港で起きていることが聞かれています。3文目の前半に Owing to the current refurbishment of Gold Star check in counters C and D,（ゴールドスターのチェックイン・カウンターCとDの現在の改装工事のために、）とあるので、現在、空港では改装工事が行われていることがわかります。正解は (A) A refurbishment program is underway. です。

Vocabulary ▶ □ underway 形 進行中の
□ affect 他 影響を及ぼす

---

② ■■■ 正解 ▶ (B)

スクリプト ▶ According to the speaker, what will Gold Star representatives do?

→設問の先読みで、ゴールドスターの担当者がすることが聞かれるとわかる。

(A) Provide refunds
(B) Answer questions
(C) Reschedule flights
(D) Issue meal tickets

日本語訳 ▶ 話し手によると、ゴールドスターの担当者は、何をしますか？
(A) 払い戻しを提供する
(B) 質問に答える
(C) 飛行の予定を変更する
(D) 食券を発行する

Airport　Part 4

解説 ▶ 設問の先読みにより、文章中に必ず Gold Star という固有名詞が出てくることがあらかじめわかっています。⇒リスニングの解法　ルール24
4文目の There, representatives from Gold Star（そこでは、ゴールドスターの担当者が）と主語が聞こえた時点で次に集中しましょう。続いて ~ will be available to check in your bags, issue boarding passes, and answer any questions you may have.（お客様のお鞄をチェックインすることができ、搭乗券を発行し、質問にお答えいたします。）つまり、「鞄をチェックインしたり、搭乗券を発行したり、質問に答えます」と言っているので、(B) Answer questions が正解です。

Vocabulary ▶ 　□ representative　名 代表者　　□ refund　名 払い戻し
　　　　　　　　　□ reschedule　他 計画を変更する　　□ issue　他 ~を発行する

③ ▮▮▮ 正解 ▶ **(D)**

スクリプト ▶ <u>Look at the graphic</u>, which check in counters should Gold Star passengers go to?　　　　　　　　　　　　　　→固有名詞に注意。

(A) A-B
(B) C-D
(C) E-F
(D) G-H
→図表の右側と選択肢の並びが同じ。

日本語訳 ▶ 表を見てください。ゴールドスターの乗客は、どのチェックイン・カウンターに行かなければなりませんか？
(A) A-B
(B) C-D
(C) E-F
(D) G-H

解説 ▶ 新形式の、図表の問題です。⇒リスニングの解法　ルール27
チェックインカウンターはどこに行くべきか聞かれています。設問と図表を見ると、ゴールドスターの乗客がどこかの空港のチェックインカウンターに行かなければなないことは確実です。図表右側のチェックインカウンターが問われているので、図表左側の空港会社の固有名詞を注意して聞きましょう。3文目の主節である、後半部分に passengers flying with Gold Star are requested to proceed to the Tailwind Airlines check in desks.（ゴールドスターに搭乗する乗客の皆さんは、テイルウインド航空のチェックイン・デスクに移動なさるようお願いいたします。）とあります。表を見ると、Tailwind Airlines のチェックインカウンターは G-H と書いてあるので正解は (D) G-H です。⇒リスニングの解法　ルール28

Unit 13 Marketing Service

Part 1 写真描写問題

(1回目) / (2回目) /

ホテルの従業員や店員が接客をしている写真や、打ち合わせをしている写真が出題されます。

CD-62

Directions

For each question in this part, you will hear four statements about a picture in your test book. When you hear the statements, you must select the one statement that best describes what you see in the picture. Then find the number of the question on your answer sheet and mark your answer. The statements will not be printed in your test book and will be spoken only one time.

1.

Ⓐ Ⓑ Ⓒ Ⓓ

2.

Ⓐ Ⓑ Ⓒ Ⓓ

Marketing Service　Part 1

Unit 13

1　正解 ▶ (C)

スクリプト ▶
(A) A bag has been placed beneath a bench.
(B) Both of the men are wearing glasses.
(C) They are sitting side by side.
(D) The grass is being cut.

日本語訳 ▶
(A) 鞄は、ベンチの下に置かれています。
(B) 男性は 2 人とも、眼鏡をかけています。
(C) 彼らは、並んで座っています。
(D) 草は刈られています。

解説 ▶
複数人物の写真。⇒リスニングの解法　ルール 5, 6
鞄はベンチのすぐ下に置かれていないので (A) は間違いです。
⇒リスニングの解法　ルール 8
(B) も間違い。眼鏡をかけているのは右の男性のみです。
男性 2 人が並んで座っているので (C) が正解です。
芝生はきれいに刈られていますが、今、誰かがカットしている様子ではないので、(D) も不正解となります。

Vocabulary ▶
☐ beneath　前 ～の下に　　☐ side by side　（～と）並んで

2　正解 ▶ (A)

スクリプト ▶
(A) Fruit has been placed in a bowl.
(B) They are both standing behind a counter.
(C) The lamp is being turned on.
(D) Flowers are beside a lamp.

日本語訳 ▶
(A) 果物は、ボウルの中に置かれています。
(B) 彼女たちは、両方ともカウンターの後ろに立っています。
(C) ランプはスイッチを入れられているところです。
(D) 花は、ランプのそばにあります。

解説 ▶
複数人物の写真。⇒リスニングの解法　ルール 5
果物がボウルの中に置かれて、女性たちの後ろにあるのが見えるので、(A) が正解です。1 人の女性はカウンターの手前にいるので (B) は間違い。
⇒リスニングの解法　ルール 8
(C) は不正解。ランプはついていますが、今、スイッチを入れている状況ではありません。花はランプのそばには置いていないので、(D) も不正解となります。

Vocabulary ▶
☐ place　他 置く、据える　　☐ behind　前 ～の後ろに
☐ turn on　～をつける　　☐ beside　前 ～のそばに、～と比べて

《 215 》

Unit 13 Marketing Service

Part 2 応答問題

誰がだれに話しかけているのか、顧客、店員、志願者、上司、同僚など、様々な立場の発言を聞きながら、状況を思い浮かべましょう。

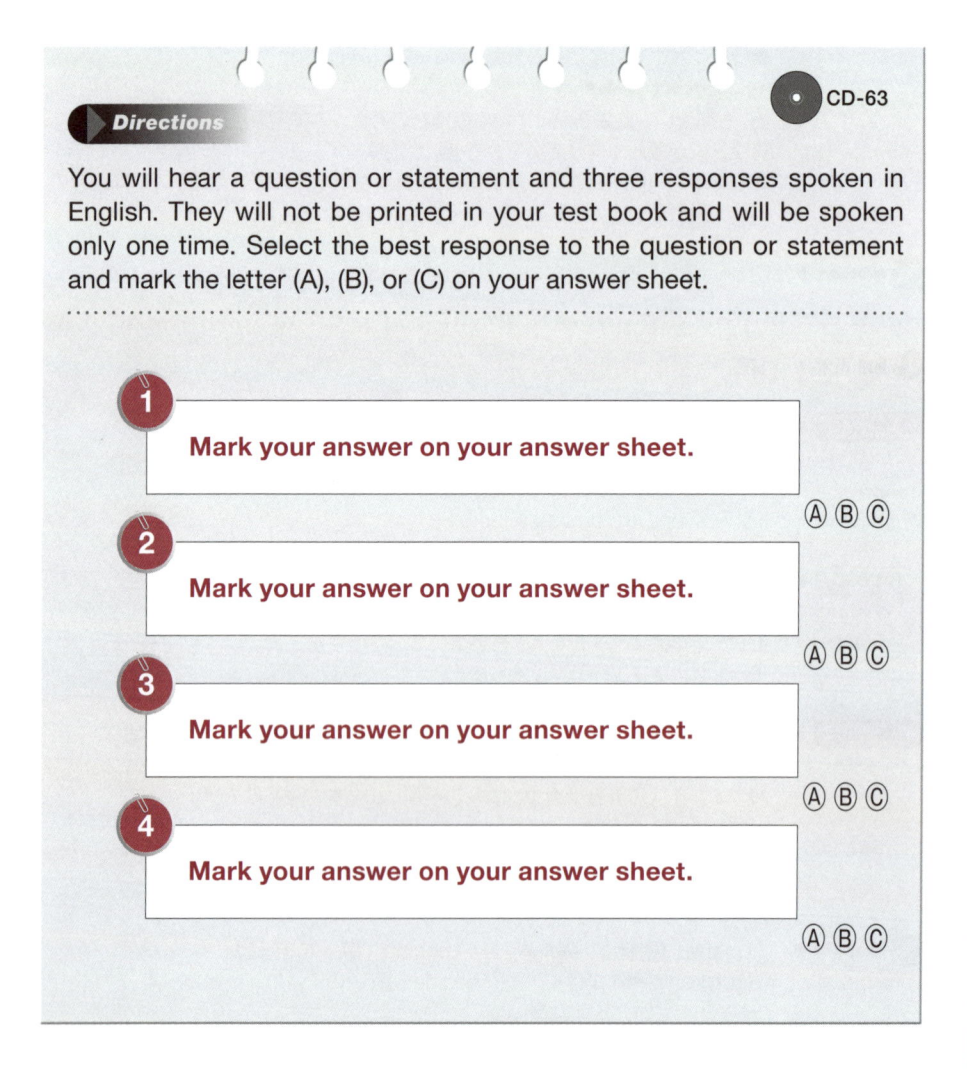

CD-63

Directions

You will hear a question or statement and three responses spoken in English. They will not be printed in your test book and will be spoken only one time. Select the best response to the question or statement and mark the letter (A), (B), or (C) on your answer sheet.

1 Mark your answer on your answer sheet. Ⓐ Ⓑ Ⓒ

2 Mark your answer on your answer sheet. Ⓐ Ⓑ Ⓒ

3 Mark your answer on your answer sheet. Ⓐ Ⓑ Ⓒ

4 Mark your answer on your answer sheet. Ⓐ Ⓑ Ⓒ

Marketing Service　Part 2

Unit 13

1 ▌▌▌ 正解 ▶ **(A)**

スクリプト ▶ **Can I get a reduction on the price?**

(A) I think I can do that.
(B) He visited twice.
(C) Yes, he can speak French.

日本語訳 ▶ **値段を下げていただくことはできますか？**
(A) 私はそうすることができると思います。
(B) 彼は、二度訪問しました。
(C) はい、彼はフランス語を話すことができます。

解説 ▶ **提案／依頼／勧誘の表現のパターン。** ⇒リスニングの解法 ルール 15
Can I ～? で始まる許可を求める表現です。値段を下げてもらえるかどうか聞いています。
「できると思います」と答えている (A) が正解です。
(B) は「彼」が誰を指すかわからず、会話が自然に流れていないので間違いです。
(C) も不正解。Yes、と答えていますが、「彼はフランス語を話すことができます。」では値段を下げるかどうかに答えていません。

Vocabulary ▶ □ reduction　名 縮小、削減、割引

---

2 ▌▌▌ 正解 ▶ **(B)**

スクリプト ▶ **Who usually cleans your swimming pool?**

(A) Only in summer.
(B) A local firm.
(C) An indoor pool.

日本語訳 ▶ **通常、あなたのプールは、誰が掃除しますか？**
(A) 夏だけです。
(B) 地元の会社です。
(C) 屋内プールです。

解説 ▶ **疑問詞で始まる疑問文。** ⇒リスニングの解法 ルール 11
誰がスイミングプールの掃除をするかを聞いています。
(A) は「夏だけ」と、時期について答えているので不正解です。
(B) が正解です。掃除をしてくれる業者を答えているので「誰」に対する応答として適当です。
(C) はプールの種類を答えているので不正解です。

Unit 13 Marketing Service

Part 2 応答問題

3 正解 ▶ **(A)**

スクリプト ▶ **Why don't you visit our Web site for more information?**

(A) I don't know the address.
(B) I visit him twice a week.
(C) He lives near me.

日本語訳 ▶ さらに詳しい情報は、我々のホームページをご覧ください。
(A) アドレスを知りません。
(B) 私は、週に2回彼を訪ねます。
(C) 彼は、私の近くに住んでいます。

解説 ▶ 提案／依頼／勧誘の表現パターン。
Why don't you ~? で始まる勧誘、提案の表現です。「我々のホームページを見たらいかがですか？」と言っています。
「アドレスを知りません」（だから見ることができません）と言っている、(A) が正解です。
(B) は不正解。設問に出てくる visit を使っていますが、「彼」が指す人物が不明で、設問に対する答えになっていません。
(C) も「彼」が誰かわからないので、不正解となります。

> Don't forget to look up sometimes and appreciate your surroundings.

4 正解 ▶ (B)

スクリプト ▶ **The marketing department has a job vacancy.**

(A) I'll go and buy some apples.
(B) Why don't you apply for it?
(C) During the summer.

日本語訳 ▶ **マーケティング部には、仕事の空きがあります。**
(A) 私は行って、リンゴをいくつか買います。
(B) それに申し込んでみてはどうですか。
(C) 夏の間です。

解説 ▶ 平叙文に答える問題。⇒リスニングの解法 ルール22
マーケティング部には仕事の空きがあると伝えています。
(A) は不正解。設問の marketing「マーケティング」を market「マーケット」と勘違いすると、「リンゴをいくつか買います。」という応答に誤答する可能性があります。⇒リスニングの解法 ルール21
「それに申し込んでみてはどうですか？」と仕事に応募することを勧めている (B) が正解です。
(C) は何の期間を答えているのかわからず、不正解。設問の vacancy「空き」を vacation「休暇」と間違うと誤答する可能性があります。
⇒リスニングの解法 ルール21

Vocabulary ▶
☐ job vacancy　名 求人、仕事の空き
☐ vacancy　名 空っぽ、空間、空き
☐ apply for ~　自 ~を申し込む、出願する

> 時々見上げてみて、自分のまわりの環境に感謝することを忘れないようにしましょう。

Unit 13 Marketing Service

Part 3 会話文問題

(1回目) (2回目)

CD-64

Directions

You will hear a conversation between two or more people. You will be asked to answer three questions about what the speakers say in the conversation. Select the best response to each question and mark the letter (A), (B), (C), or (D) on your answer sheet. The conversation will not be printed in your test book and will be spoken only one time.

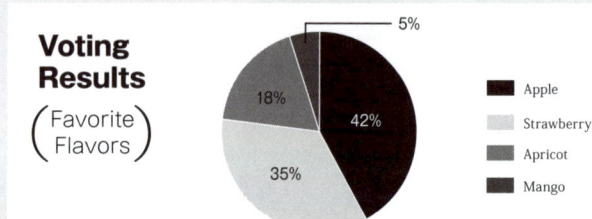

Voting Results
(Favorite Flavors)

- Apple: 42%
- Strawberry: 35%
- Apricot: 18%
- Mango: 5%

1. Where does the man likely work?
(A) At a supermarket
(B) At a food manufacturer
(C) At a market research firm
(D) At a farm

Ⓐ Ⓑ Ⓒ Ⓓ

2. Look at the graphic. According to the woman, which flavor is the least popular?
(A) Apple
(B) Strawberry
(C) Apricot
(D) Mango

Ⓐ Ⓑ Ⓒ Ⓓ

3. What will the man do next?
(A) Send an e-mail
(B) Finish his lunch
(C) Download some data
(D) Taste some samples

Ⓐ Ⓑ Ⓒ Ⓓ

Marketing Service Part 3

Unit 13

企業内で商品について分析している場面では、何の商品について何を話しているか、落ち着いて聞きましょう。

Questions 1 through 3 refer to the following conversation and chart.

スクリプト ▶

W. Hello, Mr. Taylor. This is Donna Talbot calling from Consumer Trends Market Research. Have you received the e-mail I sent you with the market research results we carried out for ① **your ice-cream firm**?

M. Yes, I have. But I don't have the data with me because ③ **I'm in the cafeteria now.**

W. I'm afraid that umm…the report contains an error. ② **The results for the apple and strawberry are fine but the er… other two flavors got mixed** up so I'm calling to apologize. ② **I'm just about to e-mail you the correct results now.**

M. Thanks. ③ **I'll check my e-mail after I've finished my lunch.**

日本語訳 ▶

問題 1 から 3 は、次の会話とグラフに関するものです。

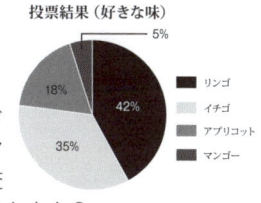

投票結果（好きな味）
- リンゴ 42%
- イチゴ 35%
- アプリコット 18%
- マンゴー 5%

W. こんにちは、テイラーさん。消費者トレンド市場調査のドナ・タルボットです。御社のアイスクリーム会社のために実行した市場調査結果と一緒にお送りしたＥメールを受け取りましたか？

M. はい、受け取りました。しかし、私は現在カフェテリアにいるので、ここにはデータがありません。

W. 残念ながら、ええと、そのレポートには、誤りがあります。リンゴとイチゴについての結果はいいのですが、えー…他の２つの味は混同しているので、謝罪するためにお電話しています。ちょうど今、正しい結果をＥメールでお送りするところです。

M. ありがとう。私は昼食を済ませたあと、Ｅメールをチェックします。

Vocabulary ▶

☐ research 名 研究、調査、リサーチ   ☐ result 自 ～という結果になる
☐ carry out 実行する   ☐ afraid 形 残念に思う、心配して、恐れて
☐ contain 他 含む   ☐ mix up ごちゃまぜにする、混乱させる、混同する
☐ apologize 自 謝る、詫びる

Unit 13 Marketing Service

Part 3　会話文問題

1　正解 ▶ (B)

スクリプト ▶ **Where does the man likely work?**
→男性の職場について聞かれている。
(A) At a supermarket
(B) At a food manufacturer
　→会話内の ice-cream firm の言い換え。
(C) At a market research firm
(D) At a farm

日本語訳 ▶ 男性はどこで働いていると思われますか？
(A) スーパーマーケットで
(B) 食品メーカーで
(C) 市場調査会社で
(D) 農場で

解説 ▶ 男性がどこで働いているかについては、女性の前半の発言の３文目に Have you received the e-mail I sent you with the market research results we carried out for your ice-cream firm?（御社のアイスクリーム会社のために実行した市場調査結果と一緒にお送りしたＥメールを受け取りましたか？）とあり、最後の３語 your ice-cream firm より、アイスクリームの会社であるとわかります。該当するものを選択肢から選ぶと「食品メーカー」の意味の (B) At a food manufacturer が正解です。

Vocabulary ▶ □ manufacturer　名 製造業者、メーカー

2　正解 ▶ (C)

スクリプト ▶ **Look at the graphic. According to the woman, which flavor is the least popular?**
→図表と会話を聞いて選ぶ。

(A) Apple
(B) Strawberry
(C) Apricot
(D) Mango

Marketing Service　Part 3

Unit 13

日本語訳 ▶ グラフを見てください。女性によると、最も人気がない味はどれですか？
(A) リンゴ
(B) イチゴ
(C) アプリコット
(D) マンゴー

解説 ▶ 新形式の、図表の問題です。⇒リスニングの解法　ルール23
女性が後半の発言の2文目で The results for the apple and strawberry are fine but the er…other two flavors got mixed up（リンゴとイチゴについての結果はいいのですが、他の2つの味は混同している）と、リンゴとイチゴの数値は合っているが、アプリコットとマンゴーは混同してしまったと言っています。グラフを見て、アプリコットとマンゴーの数値を入れ替えて考えると、一番不人気なのはアプリコット、つまり (C) Apricot が正解となります。⇒リスニングの解法　ルール23, 24

Vocabulary ▶ □ least　形 最も〜でなく

3　正解 ▶ **(B)**

スクリプト ▶ What will the man do next?
　　　　　　　→次に起こることは、最後の文に注目。

(A) Send an e-mail
(B) Finish his lunch
(C) Download some data
(D) Taste some samples

日本語訳 ▶ 男性は次に何をしますか？
(A) Eメールを送る
(B) 昼食を済ませる
(C) あるデータをダウンロードする
(D) あるサンプルを味見する

解説 ▶ 男性が次にすることが聞かれています。⇒リスニングの解法　ルール28
男性の後半の発言を聞くと、I'll check my e-mail after I've finished my lunch.（私は昼食を済ませたあと、Eメールをチェックします。）のように、ランチのあと、メールをチェックすると言っていて、まず、ランチをすることがわかるため、正解は (B) Finish his lunch です。

Vocabulary ▶ □ taste　他 味わう、試食する

Unit 13 Marketing Service

Part 4 説明文問題

CD-65

Directions

You will hear a talk given by a single speaker. You will be asked to answer three questions about what the speaker says in the talk. Select the best response to each question and mark the letter (A), (B), (C), or (D) on your answer sheet. The talk will not be printed in your test book and will be spoken only one time.

Bus Number	Destination	Journey Length
13	Lowerton	27 minutes
42	Brantley	36 minutes
47	Dover	48 minutes
59	Weatherford	58 minutes

1

Look at the graphic. Which service's journey time is no longer accurate?
(A) 13   (B) 42   (C) 47   (D) 59

Ⓐ Ⓑ Ⓒ Ⓓ

2

Why has a journey time been extended?
(A) A music concert is taking place.
(B) A road is undergoing maintenance.
(C) A highway is flooded by water.
(D) A route is covered by snow.

Ⓐ Ⓑ Ⓒ Ⓓ

3

What is offered to listeners?
(A) A full refund for passengers
(B) A free ticket to an event
(C) A priority seat on some services
(D) A chance to hear a message again

Ⓐ Ⓑ Ⓒ Ⓓ

Marketing Service　Part 4

Unit 13

> 電話のメッセージでは、店舗の営業時間や、営業状況など、詳細情報が案内されます。具体的な数値を聞き取ることもあるので、心の準備をしておきましょう。

Questions 1 through 3 refer to the following recorded message and schedule.

スクリプト ▶ Thank you for calling Southern Bus Company's Information Hotline. The following information is correct at the time of recording. Due to the outdoor music festival in Lowerton, additional number 13 bus services will be offered throughout the day. ① **Passengers traveling to Dover can expect a fifty-five minute journey time today** ② **due to road works on Highway 14**. Services to Weatherford and Brantley are running normally and on schedule. ③ **To listen to this recording once more, press one**. Again, thank you for calling Southern Bus Company's Information Hotline.

日本語訳 ▶ 問題1から3は、次の録音メッセージと表に関するものです。

バス番号	目的地	運行時間
13	ロアートン	27分
42	ブラントレー	36分
47	ドーバー	48分
59	ウェザーフォード	58分

サザンバス社の情報ホットラインへお電話いただき、ありがとうございます。以下は、録音時の正しい情報です。ロアートンでの野外音楽祭のため、追加の13番バスサービスが、1日通して提供されます。ドーバーへ向かうお客様は、高速道路14号線での道路工事のため、本日は運行時間が55分かかることが予想されます。ウェザーフォードとブラントレーへのサービスは、通常通り走っており、時刻表通りです。この録音をもう一度お聞きになりたい方は、1を押してください。繰り返します、サザンバス社の情報ホットラインへお電話いただき、ありがとうございます。

Vocabulary ▶
- [ ] destination　名 目的地、行き先
- [ ] due to　～のため、～の結果
- [ ] additional　形 追加の、付加的な
- [ ] offer　他 提供する、提案する、申し出る
- [ ] road works　道路工事
- [ ] on schedule　予定通りに、提示に、時間（表）通りに
- [ ] once more　もう1回、今一度

Unit 13 **Marketing Service**

Part 4 説明文問題

1 正解 ▶ **(C)**

スクリプト ▶ <u>Look at the graphic.</u> Which service's journey time is <u>no longer accurate</u>?

(A) 13
(B) 42
(C) 47
(D) 59
→図表の一番左と選択肢の並びが同じ。

日本語訳 ▶ 表を見てください。どのサービスの運行時間が、現在正確ではないですか？
(A) 13　　(B) 42　　**(C) 47**　　(D) 59

解説 ▶ 新形式の、図表の問題です。⇒リスニングの解法　ルール27
図表を見て、正しくない運行時間のサービスを答えさせる問題です。表の一番左と選択肢が一致しているので、選択肢にあるのはバス番号だとわかります。図表内の目的地と運行時間に注意して聞くようにします。すると、4文目に Passengers traveling to Dover can expect a fifty-five minute journey time today（ドーバーへ向かうお客様は、本日は運行時間が55分かかることが予想されます。）とあり、ドーバーへの運行は55分かかると言っています。表にはドーバーには48分と書いてあるので、このバス番号の47、すなわち (C) 47 が正解です。

Vocabulary ▶ □ no longer　もはや〜ではない、もはや〜しない
□ accurate　形 正確な、精密な

....

2 正解 ▶ **(B)**

スクリプト ▶ <u>Why</u> has a journey time been <u>extended</u>?

(A) A music concert is taking place.
(B) A road is undergoing maintenance.
　→説明文中の road works の言い換え。
(C) A highway is flooded by water.
(D) A route is covered by snow.

Marketing Service　Part 4

Unit 13

日本語訳 ▶ なぜ運行時間は延ばされていますか？
(A) 音楽のコンサートが行われているため。
(B) 道路が工事中のため。
(C) 高速道路が浸水しているため。
(D) 道路が雪で覆われているため。

解説 ▶ 運行時間が延びた理由を聞いています。4文目の後半にドーバーへの運行が遅れた理由についてあります。~ due to road works on Highway 14.（高速道路14号線での道路工事のため）とあるので、14号線で道路工事をしているということがわかります。これを言い換えた (B) A road is undergoing maintenance. が正解となります。

Vocabulary ▶
□ extend　他 延ばす、延長する、延ばす、広げる
□ take place　行われる、催される
□ undergo　他（検査・手術などを）受ける、経験する、（苦難に）耐える
□ maintenance　名 整備
□ highway　名 幹線道路
□ flood　他 水浸しにする、（川・土地を）氾濫させる
□ cover　他 表面を覆う、覆う、かぶせる

---

3 ▮▮▮ **正解** ▶ **(D)**

スクリプト ▶ **What is <u>offered to listeners</u>?**

(A) A full refund for passengers
(B) A free ticket to an event
(C) A priority seat on some services
(D) A chance to hear a message again
　→説明文中の listen this message once more の言い換え。

日本語訳 ▶ 聞き手には、何が提供されますか？
(A) 乗客への全額払い戻し
(B) イベントへの無料チケット
(C) あるサービスの優先席
(D) もう一度メッセージを聞く機会

解説 ▶ 聞き手に提供されていることを聞かれています。6目にある To listen to this recording once more, press one.（この録音をもう一度お聞きになりたい方は、1を押してください。）から、正解は (D) chance to hear a message again. だとわかります。

Vocabulary ▶
□ refund　名 払い戻し
□ priority seat　名 優先席

Unit 14　Media / Weather

Part 1　写真描写問題

海辺やリゾート地、自然の写真を見たら、人が何をしているか、何が見えるかを考えましょう。人、周辺のもの、どちらも主語になりえます。

CD-66

Directions

For each question in this part, you will hear four statements about a picture in your test book. When you hear the statements, you must select the one statement that best describes what you see in the picture. Then find the number of the question on your answer sheet and mark your answer. The statements will not be printed in your test book and will be spoken only one time.

1

Ⓐ Ⓑ Ⓒ Ⓓ

2

Ⓐ Ⓑ Ⓒ Ⓓ

228

Media / Weather　Part 1

Unit 14

1 正解 ▶ (B)

スクリプト ▶
(A) The woman's grasping the lawn mower with both hands.
(B) The woman's mowing the lawn.
(C) The woman's trimming the tree.
(D) The woman's planting some flowers.

日本語訳 ▶
(A) 女性は、両手で芝刈り機を握っています。
(B) 女性は、芝生を刈っています。
(C) 女性は、木を刈り込んで整えています。
(D) 女性は、いくつかの花を植えています。

解説 ▶ **人物写真で1人にフォーカス。**⇒リスニングの解法　ルール1, 2
(A) は「女性」も「芝刈り機」も写真に見えますが、女性は芝刈り機を片手で握っているので不正解。⇒リスニングの解法　ルール6
女性は芝生を刈っているところなので (B) が正解となります。
木は何本か見えますが、女性が整えているのは木ではないので (C) は間違いです。
花も写真に写っていますが、女性が植えているのではないので、(D) も不正解。

Vocabulary ▶
☐ grasp　他 ギュッとつかむ、しっかりと握る
☐ lawn mower　芝刈り機　　☐ mow　他 刈る、刈り取る
☐ trim　他 刈りこんで整える、手入れする、刈り取る
☐ plant　他（若木などを）植える

---

2 正解 ▶ (B)

スクリプト ▶
(A) The parasol is being set up.
(B) The chair is positioned in the shade.
(C) A towel is being hung.
(D) A boat is being towed.

日本語訳 ▶
(A) パラソルが、今、立てられています。
(B) 椅子が、日陰に置かれています。
(C) タオルが、かけられています。
(D) ボートが、牽引されています。

解説 ▶ **室内、風景の写真。**⇒リスニングの解法　ルール9
パラソルは今、セッティングされているのではないので (A) は不正解。椅子はパラソルの影の中にあるので、(B) が正解です。⇒リスニングの解法　ルール8
タオルが現在、かけられている様子ではないので (C) は不正解。
(D) は不正解。ボートは写真の中に見当たりません。

Vocabulary ▶
☐ set up　（柱・像などを）立てる、（旗・看板などを）掲げる、あげる
☐ position　他 置く、配置する　　☐ hang　他 かける、つるす
☐ tow　他（ロープで）引く、引っ張る

(((229)))

Unit 14 Media / Weather

Part 2 応答問題

(1回目) / (2回目) /

晴れ、雨、暖かい、寒いなど、天気についての短い会話はオフィスで日常的に行われますね。

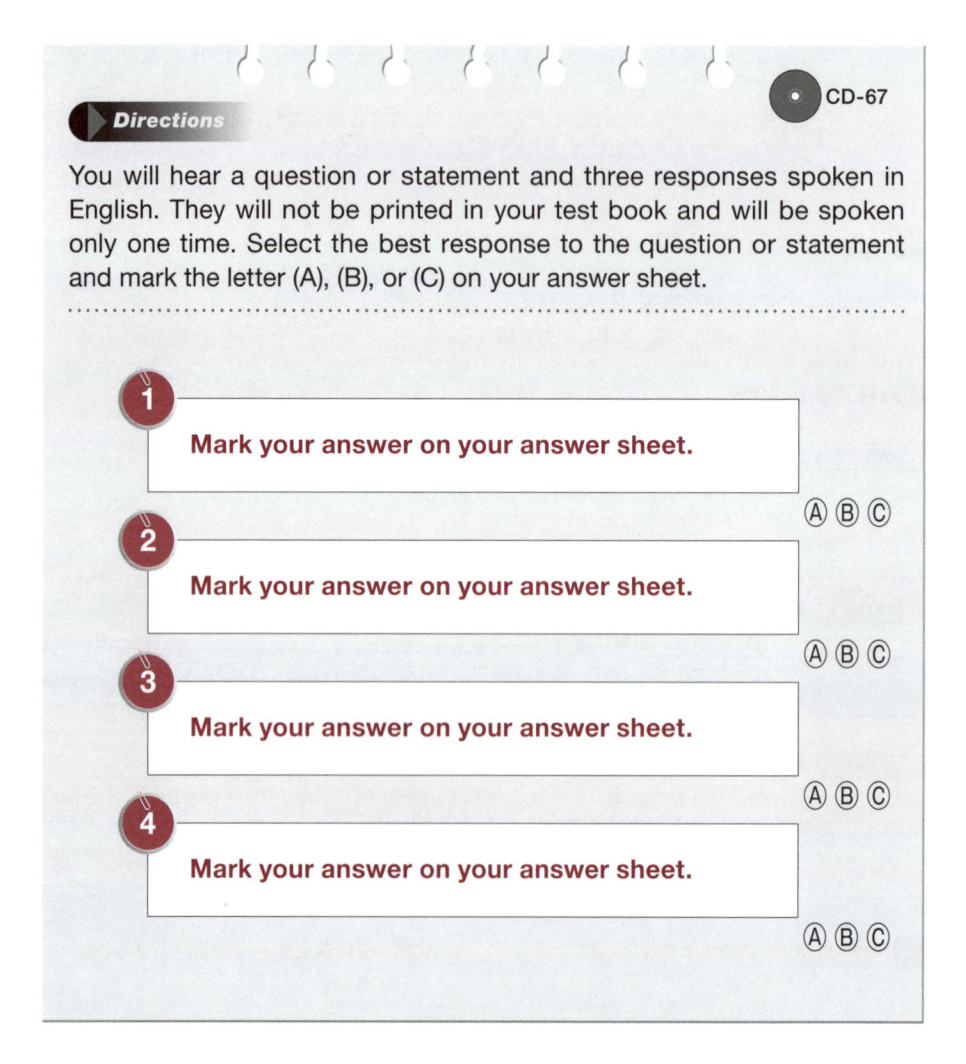

CD-67

Directions

You will hear a question or statement and three responses spoken in English. They will not be printed in your test book and will be spoken only one time. Select the best response to the question or statement and mark the letter (A), (B), or (C) on your answer sheet.

1 Mark your answer on your answer sheet. Ⓐ Ⓑ Ⓒ

2 Mark your answer on your answer sheet. Ⓐ Ⓑ Ⓒ

3 Mark your answer on your answer sheet. Ⓐ Ⓑ Ⓒ

4 Mark your answer on your answer sheet. Ⓐ Ⓑ Ⓒ

Media / Weather Part 2

Unit 14

① 正解 ▶ (B)

スクリプト ▶ It looks like it's going to rain later.

(A) I'm going there again later.
(B) I have an umbrella.
(C) He looks important.

日本語訳 ▶ あとで雨が降りそうです。

(A) あとでまたそこに行きます。
(B) 私は傘を持っています。
(C) 彼は重要に見えます。

解説 ▶ 平叙文に答える問題。 ⇒リスニングの解法 ルール 22
あとから雨が降りそうだと伝えています。
(A) は不正解です。設問の later と同じ語で文が終わっていることによるひっかけ問題です。
「傘を持っている (ので大丈夫)」だと適切に答えている (B) が正解です。
(C) も不正解。彼が重要かどうかは会話には無関係です。

---

② 正解 ▶ (A)

スクリプト ▶ How was the weather during your vacation?

(A) Hotter than I expected.
(B) A long holiday.
(C) I went to Spain.

日本語訳 ▶ あなたの休暇中の天気はどうでしたか？
(A) 私が予想したより暑かったです。
(B) 長い休日でした。
(C) 私はスペインに行きました。

解説 ▶ 疑問詞で始まる疑問文。 ⇒リスニングの解法 ルール 11
休暇中の天気について聞いています。
「予想より暑かった」と、気温について答えている (A) が正解です。
(B) は休暇の長さを答えているので不正解です。
休暇中に行った場所について答えている (C) も間違いです。

231

Unit 14 Media / Weather

Part 2 応答問題

3 正解 ▶ (A)

スクリプト ▶ Why don't we go to the beach tomorrow if the weather is nice?

(A) What time do you want to leave?
(B) It depends on the taste.
(C) No, let's go to the beach.

日本語訳 ▶ もし明日天気がよかったら、我々はビーチに行きませんか？
(A) 何時に出発したいですか？
(B) それは、味によります。
(C) いいえ、ビーチに行きましょう。

解説 ▶ 提案 / 依頼 / 勧誘の表現のパターン。⇒リスニングの解法 ルール 14
Why don't we ~？で始まり、「~しませんか？」と聞く提案、勧誘の表現です。ビーチに行かないかと誘っています。
(A) が正解。「何時に出発したいですか？」と具体的な時間を問うことで、暗に賛成していることを伝えています。
ビーチに行くのが「味による」のは不自然なので、(B) は間違い。
(C) も間違い。No、と否定しているのに「行きましょう」では応答が矛盾しています。

Vocabulary ▶ □ depend on　~次第である、~による

Be positive!

Media / Weather　Part 2

Unit 14

④ 正解 ▶ (C)

スクリプト ▶ Will I need to wear warm clothing?

(A) I'm going to cut my hair.
(B) You need a new job.
(C) I would if I were you.

日本語訳 ▶ 私は、暖かい衣類を着る必要がありますか？
(A) 私は、髪を切るつもりです。
(B) あなたは、新しい仕事が必要です。
(C) 私があなただったら、着るでしょう。

解説 ▶ Will I ～ ? で始まる一般疑問文。
暖かい服を着るべきかどうか、聞いています。
(A) は不正解です。「髪を切るつもり」では設問に答えていません。
(B) は設問と同じ need の語を使っていますが、暖かい服装について触れていないので、間違いです。
「私があなただったら、着るでしょう。」と言っている、(C) が正解です。

Vocabulary ▶ ☐ clothing　名 服、衣類

前向きにいきましょう！

Unit 14 Media / Weather

Part 3 会話文問題

CD-68

Directions

You will hear a conversation between two or more people. You will be asked to answer three questions about what the speakers say in the conversation. Select the best response to each question and mark the letter (A), (B), (C), or (D) on your answer sheet. The conversation will not be printed in your test book and will be spoken only one time.

Day	Weather
Friday	Rainy
Saturday	Rainy
Sunday	Sunny
Monday	Cloudy

1 What kind of event are the speakers discussing?
- (A) A theatrical performance
- (B) A job fair
- (C) A music concert
- (D) An employee picnic

Ⓐ Ⓑ Ⓒ Ⓓ

2 Look at the graphic. On which day is the event currently scheduled to be held?
- (A) On Friday
- (B) On Saturday
- (C) On Sunday
- (D) On Monday

Ⓐ Ⓑ Ⓒ Ⓓ

3 What does the man suggest?
- (A) Canceling an event
- (B) Using a louder speaker
- (C) Holding some auditions
- (D) Changing a venue

Ⓐ Ⓑ Ⓒ Ⓓ

Media / Weather Part 3

Unit 14

何かのイベントについて、天候とからめて打ち合わせしている会話文では、何のイベントについてか、話し手はどうするつもりなのか、聞き取りましょう。

Questions 1 through 3 refer to the following conversation and list.

スクリプト ▶

W. Mike, have you seen the weather forecast for this weekend? ① **It doesn't look very good for the outdoor music concert**, does it?

M. Right. Hmm… ② **I wonder if we should consider postponing it to the next day. The forecast predicts sunny weather then**.

W. That's one option. Though we don't have a lot of time to tell everyone, we'll need to er…make a decision by the end of today.

M. ③ **Let's think about moving the event indoors at a nearby location** or just ② **hope it doesn't rain as predicted**.

日本語訳 ▶

問題 1 から 3 は、次の会話と表に関するものです。

日	天気
金曜日	雨
土曜日	雨
日曜日	晴れ
月曜日	曇り

W. マイク、今週末の天気予報を見ましたか？ 屋外の音楽コンサートにはあまりよくなさそうですね？

M. そうです。うーん…その翌日に延期すべきかを考えなければならない、と思っています。天気予報は晴れと予報していますので。

W. それは選択肢の一つです。我々には、みんなに伝える十分な時間がないのですが、えー…今日中には決定する必要があります。

M. イベントを近くの場所の屋内に変更することについて考えるか、あるいは、予報通りに雨が降ることのないことをただ祈りましょう。

Vocabulary ▶
- forecast 名 予想、予測、(天気) 予報
- consider 他 よく考える、熟考する
- postpone 他 延期する
- predict 他 予報する、予言する
- option 名 選択肢、選択
- make a decision 決断を下す、決断する
- nearby 形 近くの

Unit 14 Media / Weather

Part 3 会話文問題

1 正解 ▶ **(C)**

スクリプト ▶ **What kind of event are the speakers discussing?**
→設問の先読みで、何かのイベントについて話すことがわかる。

(A) A theatrical performance
(B) A job fair
(C) A music concert
(D) An employee picnic

日本語訳 ▶ **話し手は、どんなイベントを検討していますか？**
(A) 演劇
(B) 就職説明会
(C) 音楽コンサート
(D) 従業員のピクニック

解説 ▶ 話し手が検討しているイベントについて聞かれています。
設問を先に読むことで、話し手が何かのイベントについて話していることが、音声を聞く前にわかります。⇒リスニングの解法 ルール24
女性の最初の発言の2文目で It doesn't look very good for the outdoor music concert, does it?（屋外の音楽コンサートにはあまりよくなさそうですね？）と言っているので、音楽のコンサートについて話していることがわかり、正解は (C) A music concert となります。

Vocabulary ▶ □ theatrical 形 劇場の、演劇的な

---

2 正解 ▶ **(B)**

スクリプト ▶ **Look at the graphic. On which day is the event currently scheduled to be held?**

(A) On Friday
(B) On Saturday
→図表左側と選択肢の並びが同じ。
(C) On Sunday
(D) On Monday

Media / Weather　Part 3

Unit 14

日本語訳 ▶ 表を見てください。現在、イベントはどの日に開催される予定ですか？
(A) 金曜日　　**(B) 土曜日**　　(C) 日曜日　　(D) 月曜日

解説 ▶ 新形式の、図表の問題です。⇒リスニングの解法　ルール23
表を見て、イベントが開催される日を聞かれています。選択肢が図表の左側の「日」と同じなので、天気に注目します。男性の前半の発言の2文目、I wonder if we should consider postponing it to the next day. The forecast predicts sunny weather then.（その翌日に延期すべきかを考えなければならない、と思っています。天気予報は晴れと予報していますので。）より、イベント翌日が晴れの予報になっています。表を見ると、土曜日が雨、日曜日が晴れの予報になっているので、翌日が晴れである土曜日、(B) On Saturday が正解だとわかります。それだけでも答えられますが、さらに最後に、hope it doesn't rain as predicted（予報通りに雨が降ることのないことをただ祈りましょう）とあるのでイベント当日は雨の日であるということからも確認できます。

---

3 ||| 正解 ▶ **(D)**

スクリプト ▶ **What does the man suggest?**
　　　　　　　　　　→会話ではLet's ～で提案。

(A) Canceling an event
(B) Using a louder speaker
(C) Holding some auditions
(D) Changing a venue

日本語訳 ▶ 男性は何を提案していますか？
(A) イベントを中止すること
(B) より大きいスピーカーを使うこと
(C) いくつかのオーディションを開くこと
(D) 会場を変えること

解説 ▶ 男性の提案について聞かれています。男性は後半の発言でLet's think about moving the event indoors at a nearby location（イベントを近くの場所の屋内に変更することについて考えましょう）と、イベントを屋内に変更することを提案しているので、(D) Changing a venue が正解です。

Vocabulary ▶ □ suggest　他 提案する
□ cancel　他 取り消す、キャンセルする
□ loud　形 (声・音などが) 高い、大声の、音が高い
□ venue　名 開催地、予定地、会合場所

Unit 14 Media / Weather

Part 4 説明文問題

CD-69

Directions

You will hear a talk given by a single speaker. You will be asked to answer three questions about what the speaker says in the talk. Select the best response to each question and mark the letter (A), (B), (C), or (D) on your answer sheet. The talk will not be printed in your test book and will be spoken only one time.

Day	Weather
Friday	Thunderstorm
Saturday	Light rain
Sunday	Cloudy
Monday	Sunny

1. What type of business is Morton's?
(A) A construction business
(B) A bakery
(C) A computer firm
(D) A garden center

Ⓐ Ⓑ Ⓒ Ⓓ

2. Look at the graphic. On which day is the weather report being broadcast?
(A) On Friday (B) On Saturday
(C) On Sunday (D) On Monday

Ⓐ Ⓑ Ⓒ Ⓓ

3. What will happen at 9:00 A.M.?
(A) A song will be played.
(B) A forecast will be heard.
(C) A guest will be interviewed.
(D) A contest will be held.

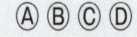

Ⓐ Ⓑ Ⓒ Ⓓ

Media / Weather　Part 4

Unit 14

天候についてのラジオ放送は Part 4 の頻出問題です。あいさつに始まり、詳細情報、聞き手への提案へと続きます。難しいと感じる人も多いので天候に関する表現に慣れておきましょう。→リスニングの解法　ルール29

Questions 1 through 3 refer to the following radio broadcast and list.

スクリプト ▶ You're listening to Radio KRSW and this is the weather report brought to you on the hour, every hour in association with ① **Morton's, the nation's leading garden center.** ② **This morning the rain has finally stopped after two days** but drivers are still advised to exercise caution as roads may remain slippery. Average temperatures today will be around 22 degrees. ② **You won't be seeing the sun until tomorrow** however, when the cloud is forecast to lift and be replaced by clear blue skies. ③ **We'll be back with more weather news at 9 A.M.**

日本語訳 ▶ 問題1から3は、次のラジオ放送と表に関するものです。

日	天気
金曜日	雷雨
土曜日	小雨
日曜日	曇り
月曜日	晴れ

こちらはラジオ KRSW です、全国でも主要な園芸センターのモートンズとともに皆さんに毎時間正時にお届けする天気予報です。今朝、雨はついに2日ぶりに止みましたが、ドライバーの皆さんは、まだ道路が滑りやすいので注意するよう忠告いたします。今日の平均気温は、22度前後です。明日までは太陽を見ることはないですが、しかし、明日には雲は上がって、晴れた青空と入れ替わるでしょう。午前9時に、また天気ニュースとともに戻ってまいります。

Vocabulary ▶
- □ thunderstorm　名 雷を伴った嵐
- □ on the hour　正時に
- □ in association with　～と共同して、に伴って
- □ advise　他 忠告する
- □ exercise　他（機能・想像力などを）働かせる、用いる
- □ caution　名 用心、慎重、警告
- □ remain　自 依然として～のままである
- □ slippery　形 （道など）つるつるした、よく滑る
- □ forecast　他 ～を予報する
- □ replace　他 取って代わる、交換する

Unit 14 Media / Weather

Part 4 説明文問題

1 ■■■ 正解 ▶ **(D)**

スクリプト ▶ <u>What type of business is Morton's?</u>
　　　　　　　　　　　　　　　　　└─→ 固有名詞に注意。

(A) A construction business
(B) A bakery
(C) A computer firm
(D) A garden center
　→ 同じ単語が聞こえる。

日本語訳 ▶ **モートンズは、どんなタイプのビジネスですか？**
(A) 建設事業
(B) パン屋
(C) コンピュータ会社
(D) 園芸センター

解説 ▶ モートンズがどんな業種なのか聞かれています。設問に固有名詞が出てきたら、その固有名詞を待ちながら音声を聞きましょう。⇒**リスニングの解法　ルール 24**
Morton's という固有名詞は冒頭の 1 文目の最後のほうに出てきます。Morton's と聞こえた時点で、すぐにそのあとに神経を集中させましょう。続いてすぐに〜 the nation's leading garden center（全国でも主要な園芸センター）と流れるので、正解は (D) A garden center です。

Vocabulary ▶ □ construction 名 建設、建造

---

2 ■■■ 正解 ▶ **(C)**

スクリプト ▶ <u>Look at the graphic.</u> <u>On which day</u> is the weather report being broadcast?

(A) On Friday
(B) On Saturday
(C) On Sunday
(D) On Monday
　→ 図表の左と選択肢の並びが同じ。

日本語訳 ▶ **表を見てください。この天気予報は、何曜日に放送されていますか？**
(A) 金曜日
(B) 土曜日
(C) 日曜日
(D) 月曜日

| 解 説 | ▶ 新形式の、図表の問題です。⇒**リスニングの解法　ルール 27**
この予報はいつ放送されているかという設問です。表を見ると、左側と選択肢が同じ「日」を表しているので、天気に注目して聞きましょう。2 文目の This morning the rain has finally stopped after two days（今朝、雨はついに 2 日ぶりに止みました）で前日まで 2 日間雨が降っていた日、表を見ると日曜日とわかります。4 文目の You won't be seeing the sun until tomorrow（明日までは太陽を見ることはないです）より次の日が晴れであるとわかるので、この放送は日曜日にされていると確実です。したがって (C) On Sunday が正解です。

---

③ ▮▮▮ 正解 ▶ **(B)**

| スクリプト | ▶ **What will happen at 9:00 A.M.?**
→設問の先読みで、午前 9 時に何か起こることがわかる。

(A) A song will be played.
(B) A forecast will be heard.
(C) A guest will be interviewed.
(D) A contest will be held.

| 日本語訳 | ▶ **午前 9 時に、何が起こりますか？**
(A) 歌が歌われる。
(B) 予報が聞ける。
(C) ゲストがインタビューされる。
(D) コンテストが開催される。

| 解 説 | ▶ 設問を先に読むことで、午前 9 時に何かが起こることがあらかじめわかっています。
⇒**リスニングの解法　ルール 24**
5 文目に We'll be back with more weather news at 9 A.M.（午前 9 時に、また天気ニュースとともに戻ってまいります。）とあり、また、天気予報が流れると言っています。正解は (B) A forecast will be heard. となります。

Unit 15　Sports/Hobby

Part 1　写真描写問題

(1回目) (2回目)

海や川で何かをしていたり、屋外で球技などをしている写真が使用されます。

CD-70

Directions

For each question in this part, you will hear four statements about a picture in your test book. When you hear the statements, you must select the one statement that best describes what you see in the picture. Then find the number of the question on your answer sheet and mark your answer. The statements will not be printed in your test book and will be spoken only one time.

1. Ⓐ Ⓑ Ⓒ Ⓓ

2. Ⓐ Ⓑ Ⓒ Ⓓ

242

Sports/Hobby　Part 1

Unit 15

① ▐▐▐ 正解 ▶ (A)

スクリプト ▶ **(A) A game is being played.**
(B) A net has been removed.
(C) A ball is being kicked.
(D) A pole has been placed horizontally.

日本語訳 ▶ **(A) ゲームが行われています。**
(B) ネットは、取り外されています。
(C) ボールが、蹴られています。
(D) 棒は、水平に置かれています。

解　説 ▶ **複数人物の写真。**⇒リスニングの解法　ルール 5
砂浜でバレーボールのようなゲームをしているので (A) が正解です。
(B) は不正解。ネットは写真の中に張ってあるので、取り外された様子はありません。
ボールを今から手で打とうとしている様子なので、(C) も間違いです。
棒は地面と垂直に立てられているので、(D) も不正解となります。

Vocabulary ▶ □ remove　他 取り除く、外す
□ horizontally　副 水平に、横に

----

② ▐▐▐ 正解 ▶ (C)

スクリプト ▶ (A) The man's sitting inside a tent.
(B) The man's opening his backpack.
(C) The man's holding a cup.
(D) The man's taking off his cap.

日本語訳 ▶ (A) 男性は、テントの中に座っています。
(B) 男性は、彼のバックパックを開けています。
(C) 男性は、カップを持っています。
(D) 男性は、彼の帽子をとっています。

解　説 ▶ **人物写真で 1 人にフォーカス。**
(A) は、男性がテントの外に座っているので不正解。⇒リスニングの解法　ルール 8
写真の中にバックパックは見えますが、彼が今それを開けている状況ではないので (B) は間違いです。⇒リスニングの解法　ルール 6
男性はカップを持っているので (C) が正解です。
(D) も不正解。男性は帽子を着脱しているところではありません。

Vocabulary ▶ □ take off　脱ぐ、外す、取り除く

Unit 15　Sports/Hobby

Part 2　応答問題

友人同士や、インストラクターと顧客の会話、スポーツ観戦についての相談などが話題にあがります。

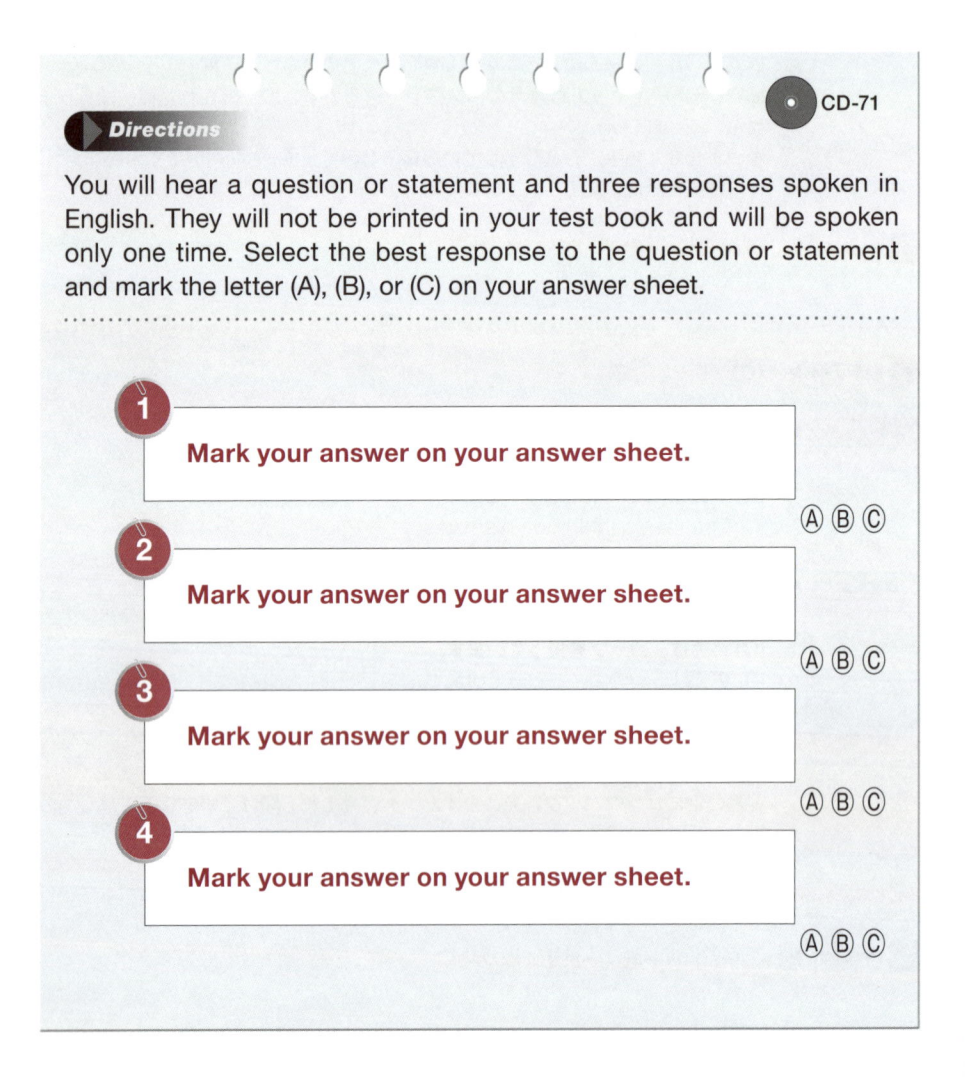

CD-71

Directions

You will hear a question or statement and three responses spoken in English. They will not be printed in your test book and will be spoken only one time. Select the best response to the question or statement and mark the letter (A), (B), or (C) on your answer sheet.

1 Mark your answer on your answer sheet.　Ⓐ Ⓑ Ⓒ

2 Mark your answer on your answer sheet.　Ⓐ Ⓑ Ⓒ

3 Mark your answer on your answer sheet.　Ⓐ Ⓑ Ⓒ

4 Mark your answer on your answer sheet.　Ⓐ Ⓑ Ⓒ

Sports/Hobby **Part 2**

Unit 15

1 正解 ▶ **(B)**

スクリプト ▶ How often do you visit the gym?

(A) For one hour.
(B) Every day.
(C) With my friend.

日本語訳 ▶ あなたはどれくらい頻繁にジムに通っていますか？
(A) 1 時間です。
(B) 毎日です。
(C) 私の友人と一緒に。

解説 ▶ 疑問詞で始まる疑問文。⇒リスニングの解法 ルール 11
How often ～？で「どれくらい頻繁に～？」と頻度を聞いています。
(A) は時間を答えていますが、「1 時間」は頻度ではないので不正解です。
(B) は「毎日です」と頻度を答えているので正解です。
(C) は「誰」と一緒に行っているかについて答えているので不正解となります。

Vocabulary ▶ □ gym 名 体育館、ジム、(学科としての) 体育、体操

---

2 正解 ▶ **(A)**

スクリプト ▶ How long have you been interested in biology?

(A) Since I was a child.
(B) I study very hard.
(C) It's five centimeters long.

日本語訳 ▶ どれくらいの間、あなたは生物学に興味を持っていますか？
(A) 私が子どもの頃からです。
(B) 私は、とても一生懸命勉強します。
(C) それは、長さ 5 センチです。

解説 ▶ 疑問詞で始まる疑問文。⇒リスニングの解法 ルール 11
How long ～？で「今までどれくらいの間～？」と「期間」を聞いています。
Since で始まり「私が子どもの頃からです」と長い期間を答えている、(A) が正解です。(B) は不正解。自分が一生懸命勉強すると答えているので、応答として不適当です。
How long ～？で期間を聞いているのに対し、(C) は long を用いて、「長さ」を答えているので間違いです。

Vocabulary ▶ □ biology 名 生物学　□ centimeter 名 センチメートル

(245)

Unit 15 **Sports/Hobby**

Part 2 応答問題

3 ▮▮▮ 正解 ▶ **(A)**

スクリプト ▶ **Are your tennis lessons for beginners or experienced players?**

(A) They're for everyone.
(B) They begin tomorrow.
(C) We play at the park.

日本語訳 ▶ あなたのテニス・レッスンは、初心者向けですか、それとも上級者向けですか？
(A) レッスンは、みんなのためです。
(B) それらは、明日始まります。
(C) 我々は、公園で遊びます。

解説 ▶ **AかBかどちら？ と聞かれる選択疑問文。**⇒リスニングの解法　ルール20
Are your tennis lessons A or B? の形をとり、レッスンが初心者向けか、上級者向けか聞いています。
(A) が正解です。「（初心者向けでも上級者向けでもどちらでもなく）みんなのためです。」と答えています。⇒リスニングの解法　ルール20
(B) は間違い。設問の beginners「初心者」、を動詞の begin「始める」の形で用いています。⇒リスニングの解法　ルール21
(C) は会話が自然に流れていないので不正解です。

Vocabulary ▶ □ experienced 形 経験を積んだ、老練な

Believe in yourself!

❹ ▌▌▌ 正解 ▶ (A)

スクリプト ▶ Would you like to watch a soccer game with me?

(A) Sure, who is playing?
(B) I don't have a watch.
(C) It's the same size.

日本語訳 ▶ 私と一緒にサッカーの試合を見たいですか？
(A) はい、誰がプレイしていますか？
(B) 私は、腕時計を持っていません。
(C) それは、同じサイズです。

解説 ▶ **提案 / 依頼 / 勧誘の表現のパターン。** ⇒リスニングの解法 ルール 15
Would you like ～で始まる勧誘、提案の表現です。一緒にサッカーの試合を見たいかどうか聞いています。
「はい」と答えて、誰がプレイしているか聞くことで、興味を示している (A) が正解です。
(B) は不正解です。設問の watch は動詞「見る」の意味で使われていますが、ここでは watch は名詞「腕時計」の意味で使われています。
サイズについて答えている (C) は間違いです。

自分自身を信じて！

Unit 15 Sports/Hobby

Part 3 会話文問題

CD-72

Directions

You will hear a conversation between two or more people. You will be asked to answer three questions about what the speakers say in the conversation. Select the best response to each question and mark the letter (A), (B), (C), or (D) on your answer sheet. The conversation will not be printed in your test book and will be spoken only one time.

Sport	Day
Soccer	Friday
Volleyball	Saturday
Basketball	Sunday
Swimming	Monday

1. Who is the woman?
(A) A local resident
(B) A sports instructor
(C) A fitness center employee
(D) A pool cleaner

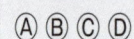

2. What does the man say about the classes?
(A) They are for advanced players only.
(B) They are targeted at adults.
(C) They cost $2 per session.
(D) They are currently full.

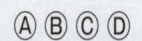

3. Look at the graphic. On which day will the swimming class be held from next month?
(A) On Friday
(B) On Saturday
(C) On Sunday
(D) On Monday

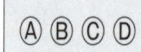

Sports/Hobby Part 3

Unit 15

スポーツ、趣味の会話文では室内競技、屋外競技どちらのスポーツに関しても話題の対象となります。

Questions 1 through 3 refer to the following conversation and list.

スクリプト

W. ① **Hello. I've just moved here** and I'd like to sign my son up for a class.
M. Certainly. We offer four types of sports for under 16s, each led by a qualified instructor. What is he interested in?
W. The soccer and swimming classes. How much are they?
M. ② **It's $2 per session for all sports regardless.** You can either pay per class or monthly, depending on your preference. ③ **Though the swimming and the basketball classes will switch days from next month.**
W. I see. Thanks for your help. I'm sure he'll enjoy the classes.

日本語訳

問題 1 から 3 は、次の会話と表に関するものです。

W. こんにちは。私はちょうどこちらに引っ越してきたばかりで、私の息子のクラスの契約がしたいです。

スポーツ	日
サッカー	金曜日
バレーボール	土曜日
バスケットボール	日曜日
水泳	月曜日

M. わかりました。我々は 16 歳以下の皆さんに 4 種類のスポーツを提供しており、各々は資格のあるインストラクターが教えています。お子さんは、何に興味がありますか？
W. サッカーと水泳の授業です。それらはいくらですか？
M. 種目に関係なく、すべてのスポーツが 1 セッションにつき 2 ドルです。お好みで、クラスごと、または、月ごとに支払うこともできます。水泳とバスケットボールの授業は、来月から曜日を交替しますが。
W. わかりました。説明をありがとうございます。彼はきっとクラスを楽しむでしょう。

Vocabulary

- □ move　自 引っ越す、移動する、動く
- □ sign up　登録を申し込む、届け出をする、契約する
- □ certainly　副 確かに、承知しました、いいですとも
- □ qualified　形 資格のある、適任の、免許を受けた
- □ per　前 ～ごとに
- □ regardless　副 費用にかまわず、それでも、とにかく
- □ depends on　～に応じて
- □ preference　名 好み、選択

Unit 15 Sports/Hobby

Part 3 会話文問題

① ▥ 正解 ▶ (A)

スクリプト ▶ Who is the woman?
→女性について聞かれている。

(A) A local resident
(B) A sports instructor
(C) A fitness center employee
(D) A pool cleaner

日本語訳 ▶ 女性は誰ですか？
(A) 地元の住民
(B) スポーツ・インストラクター
(C) フィットネスセンター従業員
(D) プール清掃員

解説 ▶ 女性が誰か聞かれています。女性は冒頭で Hello. I've just moved here（こんにちは。私はちょうどこちらに引っ越してきたばかり）と言っているので、ここに引っ越してきた住民だとわかります。正解は「地元の住民」の意味の (A) A local resident です。

Vocabulary ▶
☐ resident 名 居住者、在住者、（ホテルなどの）泊まり客
☐ instructor 名 インストラクター

---

② ▥ 正解 ▶ (C)

スクリプト ▶ What does the man say about the classes?
→男性がクラスについて何か言うことがわかる。

(A) They are for advanced players only.
(B) They are targeted at adults.
(C) They cost $2 per session.
(D) They are currently full.

日本語訳 ▶ 男性は、クラスについて何と言っていますか？
(A) それらは、上級プレーヤーのためだけのものです。
(B) それらは、大人がターゲットです。
(C) それらは、1 セッションにつき 2 ドルがかかります。
(D) それらは、現在満員です。

Sports/Hobby　Part 3

Unit 15

解説 ▶ 新形式の、図表の問題です。⇒リスニングの解法　ルール23
男性がクラスについて言っていることを聞かれています。男性はクラスについて、前半の発言では each led by a qualified instructor と資格を持ったインストラクターが担当していると言っていて、後半の発言では It's $2 per session for all sports regardless.（種目に関係なく、すべてのスポーツが1セッションにつき2ドルです。）と、どのクラスも一律1セッション当たり2ドルですと言っています。したがって (C) They cost $2 per session. が正解となります。(A) と (D) については触れられておらず、(B) については男性の1回目の発言で、We offer four types of sports for under 16s（我々は16歳以下の皆さんに4種類のスポーツを提供しており）と少なくとも大人以外にも教えていることがわかるので不正解です。

Vocabulary ▶
□ advanced 形 上級の、高度な、先進的な
□ target 他 目標に定める

---

3 ■■■ 正解 ▶ **(C)**

スクリプト ▶ <u>Look at the graphic.</u> On <u>which day</u> will the swimming class be held from next month?

(A) On Friday
(B) On Saturday
(C) On Sunday
(D) On Monday

→図表の右側と選択肢の並びが同じ。
（なので、左側に出てくるスポーツ名を聞きましょう。）

日本語訳 ▶ 表を見てください。水泳の授業は、来月からどの日に開かれますか？
(A) 金曜日
(B) 土曜日
(C) 日曜日
(D) 月曜日

解説 ▶ 表を見て、来月からの水泳の授業の曜日を聞いています。⇒リスニングの解法　ルール23
男性の後半の発言 Though the swimming and the basketball classes will switch days from next month.（水泳とバスケットボールの授業は、来月から曜日を交替しますが。）より、来月から水泳とバスケットボールの曜日を変更すること (switch) がわかります。表を見ると、バスケットは日曜、水泳は月曜なので、これを入れ替えるとバスケットが月曜、水泳は日曜になります。したがって、(C) On Sunday が正解です。

Unit 15　Sports/Hobby

Part 4　説明文問題

CD-73

Directions

You will hear a talk given by a single speaker. You will be asked to answer three questions about what the speaker says in the talk. Select the best response to each question and mark the letter (A), (B), (C), or (D) on your answer sheet. The talk will not be printed in your test book and will be spoken only one time.

Exhibition	Artist
Watercolors	Hillary Watkins
Oil paintings	Amelia Gainsford
Pencil sketches	Roger Sutherford
Impressionist works	Quentin Lacross

1

Who would most likely listen to the recorded message?
(A) An antique auctioneer
(B) A gallery employee
(C) An art enthusiast
(D) A museum exhibitor

Ⓐ Ⓑ Ⓒ Ⓓ

2

Look at the graphic. What kind of artwork is in the next room?
(A) Watercolors
(B) Oil paintings
(C) Pencil sketches
(D) Impressionist works

Ⓐ Ⓑ Ⓒ Ⓓ

3

What does the speaker say about Hillary Watkins?
(A) She has recently sold a painting.
(B) She also painted impressionist works.
(C) She is employed by a rival art gallery.
(D) She taught Amelia Gainsford.

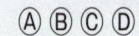

Ⓐ Ⓑ Ⓒ Ⓓ

Sports/Hobby **Part 4**

Unit **15**

美術館、博物館に関するトピックは趣味、観光両方のテーマにおいて重要です。

Questions 1 through 3 refer to the following recorded message and list.

スクリプト ▶ ① **Welcome to the Montgomery Art Gallery.** I'm Tom Parker and for the next 50 minutes, ① **I'll be explaining to you**, via this audio guide, ① **about the 367 pieces on display here**. At the moment, ② **you are standing in the White Room which contains works by renowned artist Amelia Gainsford**. Her most famous work "Evening Sunrise" is displayed on the left as you entered the room. ③ **Amelia Gainsford was a student of Hillary Watkins,** ② **whose pieces you will view in the next room**. Despite their different approach to art and professional rivalry later in life, both Gainsford and Watkins remained the best of friends throughout their lives.

日本語訳 ▶ 問題1から3は、次の録音メッセージと表に関するものです。

展示	アーティスト
水彩画	ヒラリー・ワトキンズ
油絵	アメリア・ゲインズフォード
鉛筆スケッチ	ロジャー・サザーフォード
印象派画家の作品	クウェンテイン・ラクロス

モンゴメリー・アート・ギャラリーにようこそ。私はトム・パーカーです。そして、これからの50分間、私は、ここの367点の展示物について、この音声ガイドであなたに説明します。現在、あなたは有名なアーティスト、アメリア・ゲインズフォードの作品を含むホワイト・ルームに立っています。彼女の最も有名な作品「夕方の日の出」は、入ってきたところの左手に展示されています。アメリア・ゲインズフォードは、次の部屋であなたがその作品を見ることになる、ヒラリー・ワトキンズの学生でした。彼女らの芸術へのアプローチの違いと、将来のプロとしての敵対にもかかわらず、ゲインズフォードとワトキンズは、彼女らの人生を通した親友でした。

Vocabulary ▶ ☐ watercolor 名 水彩画　　☐ impressionist 名 印象派の画家
☐ via 前 ～を経て、～経由で、～によって
☐ at the moment 今のところ、当座は、ちょうど今
☐ renowned 名 有名な　　☐ display 名 展示品
☐ piece 名 1編の作品、1個、1枚、一片、断片
☐ despite（前）～にもかかわらず　　☐ rivalry 名 競争、対抗、敵対
☐ remain 自 残る、存続する、～のままである

Unit 15 Sports/Hobby

Part 4 説明文問題

① 正解 ▶ (C)

スクリプト ▶ Who would most likely listen to the recorded message?
→聞き手について聞かれている。
(A) An antique auctioneer
(B) A gallery employee
(C) An art enthusiast
(D) A museum exhibitor

日本語訳 ▶ 誰がこの録音メッセージを聞くと考えられますか？
(A) 骨董品の競売人
(B) ギャラリー従業員
(C) 芸術狂
(D) 博物館出展者

解説 ▶ 聞き手がどんな人か聞かれています。まず、冒頭の Welcome to the Montgomery Art Gallery.（モンゴメリー・アート・ギャラリーにようこそ。）から、アートギャラリーへの電話の録音メッセージだとわかります。2文目には I'll be explaining to you, via this audio guide, about the 367 pieces on display here（私は、ここの367点の展示物について、この音声ガイドであなたに説明します。）と、ここの展示品について説明するといっていることから、メッセージを聞いている人は、アートに興味のある人、つまり (C) An art enthusiast が答えだとわかります。⇒リスニングの解法 ルール29

Vocabulary ▶
☐ auctioneer 名 競売人
☐ enthusiast 名 熱狂者、ファン、〜狂
☐ exhibitor 名 出展者、出品者

---

② 正解 ▶ (A)

スクリプト ▶ Look at the graphic. What kind of artwork is in the next room?
→次の部屋に関することに注目。

(A) Watercolors
(B) Oil paintings
(C) Pencil sketches
(D) Impressionist works

→図表の左側と選択肢の並びが同じ。

Sports/Hobby Part 4

Unit 15

日本語訳 ▶ 表を見てください。どんなアート作品が、次の部屋にありますか？
(A) 水彩画
(B) 油絵
(C) 鉛筆スケッチ
(D) 印象派画家の作品

解説 ▶ 新形式の、図表の問題です。⇒リスニングの解法　ルール 27
設問では次の部屋で何が見られるかについて聞いています。図表の左側の「展示」が選択肢にもあるので、次の部屋にある作品のアーティストを注意して聞きます。3文目 you are standing in the White Room which contains works by renowned artist Amelia Gainsford.（あなたは有名なアーティスト、アメリア・ゲインズフォードの作品を含むホワイト・ルームに立っています。）より、今の部屋にはアメリア・ゲインズフォードの作品があり、次の部屋については5文目の Amelia Gainsford was a student of Hillary Watkins, whose pieces you will view in the next room.（アメリア・ゲインズフォードは、次の部屋であなたがその作品を見ることになる、ヒラリー・ワトキンズの学生でした。）から、ヒラリー・ワトキンズの作品があるとわかります。表から水彩画を扱っているとわかり、(A) Watercolors が正解となります。

Vocabulary ▶ □ impressionist　名 印象派画家

---

3 ■■■ **正解** ▶ (D)

スクリプト ▶ What does the speaker say about Hillary Watkins?
→固有名詞に注意。

(A) She has recently sold a painting.
(B) She also painted impressionist works.
(C) She is employed by a rival art gallery.
(D) She taught Amelia Gainsford.

日本語訳 ▶ 話し手は、ヒラリー・ワトキンズについて何と言いますか？
(A) 彼女は、最近絵を売りました。
(B) 彼女もまた、印象派の作品を描きました。
(C) 彼女は、対抗するアート・ギャラリーに雇用されています。
(D) 彼女は、アメリア・ゲインズフォードを教えました。

解説 ▶ ヒラリー・ワトキンズについて言っていることを聞かれています。5文目の Amelia Gainsford was a student of Hillary Watkins（アメリア・ゲインズフォードは、ヒラリー・ワトキンズの学生でした。）より、(D) She taught Amelia Gainsford. が正解です。(A), (B), (C) については触れられていません。

Vocabulary ▶ □ work　名 作品　　□ employ　他 ～を雇用する

クレジット一覧

Unit 1 1. © Tyler Olson | dreamstime.com | File ID: 36275316
Unit 1 2. © Dmitry Kalinovsky | dreamstime.com | File ID: 23670587
Unit 2 1. © Viorel Dudau | dreamstime.com | File ID: 36339270
Unit 2 2. © Igor Usatyuk | dreamstime.com | File ID: 30125649
Unit 3 1. © Yuri_arcurs | dreamstime.com | File ID: 14983395
Unit 3 2. © Ginasanders | dreamstime.com | File ID: 11860958
Unit 4 1. © Auremar | dreamstime.com | File ID: 29063051
Unit 4 2. © Bobby Deal | dreamstime.com | File ID 63830
Unit 5 1. © Franz Pfluegl | dreamstime.com | File ID: 14865705
Unit 5 2. © Lisa F. Young | dreamstime.com | File ID: 2732580
Unit 6 1. © Sebastian Czapnik | dreamstime.com | File ID: 9449166
Unit 6 2. © Candybox Images | dreamstime.com | File ID: 24782475
Unit 7 1. © Alexander Raths | dreamstime.com | File ID: 21886265
Unit 7 2. © Rido | dreamstime.com | File ID: 13123857
Unit 8 1. © Stephen Coburn | dreamstime.com | File ID: 2061910
Unit 8 2. © Antos777 | dreamstime.com | File ID: 23136531
Unit 9 1. © Endostock | dreamstime.com | File ID: 1830013
Unit 9 2. © Monkey Business Images | dreamstime.com | File ID: 31168222
Unit 10 1. © Viktor Gmyria | dreamstime.com | File ID: 27630815
Unit 10 2. © Corepics Vof | dreamstime.com | File ID: 25921269
Unit 11 1. © Robert Kneschke | dreamstime.com | File ID: 27628417
Unit 11 2. © Andrey Tsidvintsev | dreamstime.com | File ID: 9232767
Unit 12 1. © Nyul | dreamstime.com | File ID: 1747950
Unit 12 2. © Luckydoor | dreamstime.com | File ID: 32569630
Unit 13 1. © Robert Kneschke | dreamstime.com | File ID: 27169712
Unit 13 2. © Hootie2710 | dreamstime.com | File ID: 34376090
Unit 14 1. © Aigarsr | dreamstime.com | File ID: 36531679
Unit 14 2. © Mary Katherine Wynn | dreamstime.com | File ID: 2990125
Unit 15 1. © Erwin Purnomo Sidi | dreamstime.com | File ID: 9501857
Unit 15 2. © Pavel Davidenko | dreamstime.com | File ID: 19670938

編集協力　豊田典子

TOEIC® LISTENING AND READING TEST
15日で500点突破！リスニング攻略　CD付

2016年11月30日　第1刷発行

著　者　　松本恵美子　トニー・クック
発行者　　前田俊秀
発行所　　株式会社三修社
　　　　　〒 150-0001　東京都渋谷区神宮前 2-2-22
　　　　　TEL 03-3405-4511　FAX 03-3405-4522
　　　　　振替 00190-9-72758
　　　　　http://www.sanshusha.co.jp/
　　　　　編集担当　本多真佑子
印刷　　　広研印刷株式会社
製本　　　牧製本印刷株式会社

©2016 Emiko Matsumoto, Tony Cook　Printed in Japan
ISBN 978-4-384-05859-8 C2082

R〈日本複製権センター委託出版物〉
本書を無断で複写複製（コピー）することは、著作権法上の例外を除き、禁じられています。
本書をコピーされる場合は、事前に日本複製権センター（JRRC）の許諾を受けてください。
JRRC　〈http://www.jrrc.or.jp　e-mail：jrrc_info@jrrc.or.jp　電話：03-3401-2382〉